생각설계의 기술

THINK

생각 설계 로 퍼스널 브랜드를 만들다

생각설계의 기술

금교준 지음

"나를 삶의 주인으로 만들어 주는 생각설계"

오늘은 뭐 하지? 오늘은 뭐 먹지? 본능으로부터 시작되는 생각

★★★
경험 템플릿
&로직트리
제공

★★★
생각설계로
그리는
인생로드맵

★★★
손끝에서
시작되는
퍼스널 브랜드

★★★
생각 정리와
설계를 위한
해결책

★★★
생각에도
숨 고르기가
필요하다

좋은땅

프롤로그

최근 자신의 이름이 '평생 직업'이 되는 '퍼스널 브랜드' 열풍이 불고 있다. 공무원, 회사원, 연구원 등 기존 직장의 한계가 속속 드러나고 있기 때문이다. '철밥통' 혹은 '평생 직장'이라는 공무원도 60세가 되면 정년퇴직을 해야 한다. 평균 수명이 100세를 넘어가는 시대에 노후를 보장받지 못하는 것이다. 따라서 직장에 얽매이지 않고 자신만의 무기를 갖춰서 타인이 찾게 되는 사람이 되어야 한다.

생각설계는 퍼스널 브랜드를 가장 빨리 갖추게 해 주는 무기다. 스스로를 돌아보게 만들어 정말 하고 싶은 일과 해야 할 일도 명확히 정립할 수 있다. 타인의 삶을 살고 있는 현대인들에게, 자신만의 삶을 찾게 해 준다는 말이다.

생각설계를 시작한 건, 직장 2년차부터였다. 생각정리 도구는 '사회초년생'으로서 힘들게만 느껴졌던 일들을 재밌는 일로 바꿔 주었다. 심지어 '못 배운 놈', '대학 가서 뭐했어?' 따위의 말만 듣던 내가 '어떻게 이런 생각까지 했느냐'라는 말도 들을 수 있었다.

사실 우리는 이미 생각설계를 하고 있다. 엑셀을 쓰거나 메모하는 일 등이 그것이다. 그러나 더 유익할 수 있는 생각정리 도구들은 쓰지 않고 있다. 도구에 대한 기본 사용법이 알려졌을지라도, 업무에 적용하는 방법은 널리 알려지지 않았다. 고가의 비용을 들여 전문 교육을 듣거나, 시행착오를 겪으며 스스로 알아내야만 한다.

이 책에는 업무흐름을 정리하는 '프로세스맵', 보고서의 논리를 '로직트리'로 구성하는 방법 등 직접 사용해 보며 터득한 사용법을 담았다. 특히 이러한 생각정리 도구들을 연계해서 시너지 효과를 내는 노하우도 소개한다.

또한, 마이크로소프트, 한국항공우주산업, 만도 등 대기업에 근무하는 직장인들에게서 발췌한 이야기를 통해 직장동료와 대화하는 것 같은 몰입감과 공감을 전할 것이다.

"성공으로 가는 길은 엄청나고, 단호한 행동을
취함으로써 열린다." – 토니 로빈스

지금 이 순간 당신에게 필요한 것은 하루 중 대부분을 차지하는 현재의 직장에서 인정받는 것이다. 나의 자존감을 좌지우지하는 것이 현재의 직장이기 때문이다. 생각설계를 하다 보면 일이 재밌어질 것이다. 또한, 창의적이고 체계적으로 일하는 자신을 발견할 수 있을 것이다. 그럼 동료들은 자연스레 당신을 찾게 될 것이다. 생각설계를 통해 당신의 삶에 행복이 만연하기를 응원한다.

2020년 3월 23일
금교준

C O N T E N T S

3부

생각설계 기초
: 나 자신을 알라

4부

생각설계 적용
: 지금 바로 실천해 보는 생각설계

생각에도 숨 고르기가 필요하다

1부

생각에도 설계도가 필요하다

THINK

1 생각을
설계한다는 것

"생각이 많은 것은 '득'이지만,
정리가 안 되는 것은 '독'이다."
- 복주환

정보 과부하 시대, 정보를 설계로

현대인들은 쉽게 결정을 내리지 못한다. 정보 과부하 현상 때문이다. 구글 검색창에 '동물'이라는 단어만 검색해도 20만 건이 넘는 정보가 나온다. 이렇게 많아진 정보는 인터넷, 빅데이터, AI 기술 등으로 가공되어 삶의 질을 향상시켜 준다. 그러나 동시에 온갖 거짓과 소문들로 무장한 채 혼란을 가져다주기도 한다. 머릿속 생각들이 뒤죽박죽 얽혀서 삶이 더 복잡해지기 때문이다. 그러다 보니 복잡함을 피해 단순하게 살며 현실에 안주하려는 사람들도 늘고 있는 추세다.

한 가지 역설적인 사실은 이런 흐름과는 반대로 한편에서 '성공하는 비법'을 다룬 미디어가 유행을 타고 있다는 점이다. 애초에 인간에게는 타인에게 인정받고 싶은 본성이 있다. 그리고 인정받고 싶다면 움직여야 한다. 더 이상 복잡한 생각을 방치하지 말고 그들의 생각을 배워야 한다.

이 책에서는 복잡하게 얽히고설킨 생각을 풀어 구조적으로 설계하는 방법을 소개한다. 생각설계 기술을 익힌다면 자신만의 길을 만들 수 있다. 정신없이 쏟아지는 정보에 끌려 다니지 않고 오히려 통제할 수 있게 되는 것이다.

___

결정이 어려운 당신에게 꼭 필요한 생각설계

정보의 홍수가 가져온 질병이 있다. '결정장애 증후군'이다. 정보가 많으면 많을수록 좋은 거지, 정말 결정장애까지 불러오는 것일까? 다음 상황을 생각해 보자.

우리는 오늘 점심에 무슨 음식을 먹을지 정하는 것부터 난관에 봉착한다. 제육볶음, 짜장면, 덮밥 등등 먹고 싶은 음식 종류만 수십 가지다. 때때로 누구랑 같이 먹는지에 따라서도 메뉴가 달라지니 결정하기 더 복잡해진다. 공부도 마찬가지다. 공부해야 할 과목이나 제출해야 할 레포트 등등 무엇부터 할지 결정하는 게 고역이다. 그러다 보니 쉰다는 명목으로 유튜브를 틀고, 공부는 뒤로 미룬다. 회사에서도 다르지 않다. 각종 회의록과 작성해야 하는 보고서들이 쌓여 있다. 도대체 뭐부터 처리해야 할지 모르겠고, 단순한 게 없다. 그렇게 고민만 하다 시간을 허비한다.

이처럼 결정장애 증후군은 소수에게만 해당되는 문제가 아니다. 대부분의 사람들이 결정장애에 빠져 해야 할 일들을 미루거나 포기하고 있다.

반면에 정반대의 사람들이 있다. 뭘 하든 간에 척척 해내는 사람들. 그들은 식사 시간에도 먹고 싶은 메뉴를 고민 없이 명확하게 결정한다. 공부할 때도 오늘 할 것과 내일 할 것을 나누고 집중한다. 직장에서는 당장 해야 할 것과 천천히 해도 되는 일을 구분하며 남들은 일주일에 걸쳐서 하는 일을 이틀 만에 해결한다. 마치 정교하게 프로그램화된 기계처럼 해야 할 것들을 '선택'하고 '집중'하는 것이다.

그렇다고 그들이 초능력을 지닌 건 아니다. 단지 생각을 설계하는 방법을 아는 것뿐이다. 생각을 설계하는 것만으로도 명확한 기준이 생기고 결정을 쉽게 내릴 수 있다.

저녁 있는 삶을 만들어 주는 생각설계

최근 워라밸(Work & Life Balance) 문화가 새로운 패러다임으로 자리 잡았다. 하지만 이것이 실질적인 업무 시간을 줄여 줬는가에 대한 답변을 하기란 쉽지 않다. 집에서도 일을 놓지 못하거나, 사무실 불을 끈 채로 일하는 등 불편함만 가중된 경우도 적지 않기 때문이다.

물론, 워라밸과 관련된 캠페인이 이뤄지거나 법이 제정되는 등 변화를 위한 많은 사회적 노력이 있었다. 서울 한복판에서 명화 속 반 고흐가 퇴근시간이 되자 칼퇴하는 모습을 보인 행사도 있었다. 그런데 당장 결과를 내지 않으면 계약에 문제가 생기고, 회사가 위태로워지는데 누가 쉽게 퇴근할 수 있을까?

이젠 다른 시선으로 봐야 한다. 단순히 사회적으로 제도나 문화가 정착되기만을 기다리는 건 그만두자. 대신 늦게까지 퇴근하지 못하는 이유를 자신에게서 찾아내 바꿔 보자. 일반적으로 쉽게 퇴근하지 못하는 이유로 다음 두 가지를 들 수 있다.

① 상사의 눈치가 보인다. 나는 일을 마쳤지만 상사는 여전히 바빠 보여서다. 내가 상사라면, 일이 쌓여 있는데 후배가 신나게 퇴근했을 때 괜히 얄미운 생각이 들 것 같다.
② 내 일을 다 끝내지 못했다. 내일까지 해도 되지만 오늘 안 하면 도저히 기한 내에 못 끝낼 것 같다.

첫 번째는 우리가 바뀐다고 해서 될 일이 아니다. 상사의 마음까지 바꿔야 하기 때문이다. 반면 두 번째는 우리가 변화한다면 충분히 해결할 수 있다. 그렇다면, 왜 일을 못 끝내는지 생각해 보자.

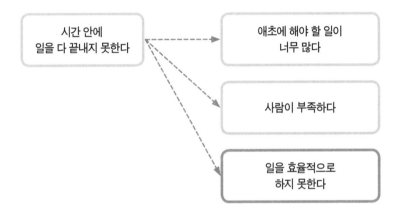

시간 안에 일을 못 끝내는 이유로 세 가지를 뽑아 봤다. 이 중에서 우리가 직접 해결할 수 있는 것은 일의 효율성을 개선하는 것이다. 나머지는 업무 담당이나 상사가 바뀌어야지, 내가 바뀐다고 해서 크게 달라지는 건 없다. 따라서 일의 효율성 측면을 공략해야 한다.

일을 효율적으로 하지 못하는 이유는 생각보다 단순하다. 미루는 습성, 커피 마시며 하소연하는 시간, 그리고 뭐부터 해야 할지 모르는 것이 문제다.

그렇다면 어떻게 해결할 수 있을까? 방법은 간단하다. 마감일이 너무 멀게 느껴진다면, 스스로 중간 마감일을 정하면 된다. 커피 제안을 거절하지 못하겠다면, 나만의 커피타임을 정하자. 그 시간 이외에는 커피를 쳐다보지도 않는 것이다. 마지막으로, 어떤 일을 먼저 할지 생각해 보면 된다. 사실 이 부분이 가장 중요하다. 일의 우선순위를 정하는 것이 생각설계의 기본이기 때문이다.

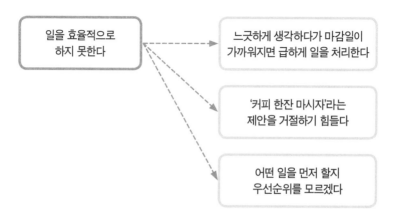

그러나 말이 쉽지, 이를 실생활에 바로 적용하기는 어렵다. 대신 좀 더 수월하게 만들어 주는 도구가 있다. 바로 '생각정리 도구'다. 마감일에는 '프로세스맵', 우선순위에는 'To-Do 체크리스트' 등 따라만 하면 일이 쉬워지는 도구들이 있다. 이들을 사용한다면 더 이상 우리 자신 때문에 야근하는 상황만큼은 피할 수 있다. '저녁 있는 삶'을 살 수 있게 되는 것이다.

평생 직업의 시대, 생각설계가 필요한 이유

불과 30년 전까지만 해도 대학교만 졸업하면 한 분야에서 전문가만큼의 대우를 받을 수 있었다. 그러나 지금은 대한민국 청년 대부분이 대학교를 졸업한다. 심지어 박사학위를 가진 취준생도 취업이 되지 않는 세상이다. 즉, 더 이상 '대졸' 타이틀은 경쟁력이 없다. 더군다나 사회는 우리에게 지식만으로는 살아남기 힘든 세상이 왔다고 분명하게 말해 준다. 천재 바둑기사 이세돌을 4:1로 이긴 알파고만 봐도 그렇다. 기계마저도 우리를 위협하고 있는 실정이다.

그렇다면 대체 어떻게 해야 원하는 삶을 살아갈 수 있을까?
무엇을 해야 삶의 '주인'이 돼서 행복하게 살 수 있는 걸까?

최근 이러한 인식 때문에 생겨난 트렌드가 있다. 바로 '퍼스널 브랜드'를 갖추는 것이다. 공무원 같은 평생 직장을 가졌다고 해도, 은퇴 이후 시간이 너무나도 길고 그동안 무슨 일이 생길지는 아무도 모른다.

따라서 퍼스널 브랜드를 갖추기 위해 나만의 무기를 만들어야 한다. 그 무기를 갖추는 데 가장 좋은 방법이 바로 생각설계다. 생각을 설계하면 나만의 강점과 '업(業)'을 찾게 되어, 직장에 얽매일 필요가 없어진다.

생각을 설계하는 건 지금 시대에 꼭 갖춰야 하는 능력이다

우리는 정보의 홍수 속에서 결정장애에 빠져 시간을 낭비하고 있고, 저녁 없이 살며 회사만을 생각하고 있다. 심지어 이젠 직장에서도 경쟁력이 없으면 살아남지 못한다.

그러나 걱정할 것 없다. 이제 생각을 설계하면서부터 우리가 해야할 일들이 명확히 보일 것이다. 무엇을 좋아하고, 무엇을 잘하는지, 앞으로는 뭘 하며 살아갈 것인지 말이다. 그럼 자연스럽게 인생의 방향을 잡고 나만의 경쟁력을 키울 수 있다.

2 생각을 설계하는 것만으로도 특별한 사람이 될 수 있다

"사람들은 자신이 하고 싶은 일을 할 수 없는
수천 가지 이유를 찾고 있는데,
정작 그들에게는 그 일을 할 수 있는 한 가지 이유만 있으면 된다."
- W.R.휘트니

인정받는 사람들의 공통점

주변에서 인정받는 사람들의 이미지를 한번 떠올려 보자. 그들은 혀를 내두를 정도로 철저하게 노력하는 모습을 보인다. 심지어 적극적으로 밀고 나가 결국 성과를 만들어 낸다. 마치 모든 사람과 잘 알고 있다는 듯 행동하고, 센스 있게 문제를 해결한다.

어떻게 하면 그들처럼 될 수 있을까? 마이크로소프트, 한국항공우주산업, 만도 등 9개 기업의 부장님, 대표님 등 인정받는 직장인 11인을 만나 여쭤봤다. 그들에게는 한 가지 공통점이 있었는데 어떤 일을 하든지 일의 순서를 정리하고 시작하거나, 중요한 아이디어를 메모한다는 점이다. 즉, 무슨 일을 하든 마음 가는 대로 행동하기보다는 먼저 생각을 설계한다.

생각설계자들의 특징 1: 집행력이 높다

생각설계자들은 프로젝트를 맡을 때면 일을 시작하기 전에 어떤 순서대로 해 나갈지를 계획한다. 하루가 끝나기 전에는 하루 동안 있었던 일과 배운 점을 적고, 내일 할 일을 미리 생각해 둔다.

이러한 능력을 두고 흔히 '집행력'이라 부른다. 사전적 의미로는 '필요한 일을 조직화해서 체계적으로 처리하는 능력'이다. 즉, 집행력이 높다는 건 일을 작은 행동들로 쪼개서 하나씩 해결할 수 있다는 말이다. 실제로 아무리 복잡한 일들도 그들은 척척 해낸다. 심지어 단계별로 나누다 보니 일의 진척도를 명확하게 가늠할 수도 있다.

"말씀하신 그 일은 50% 정도 완료됐습니다."

보통은 무슨 일부터 해야 할지 몰라 갈팡질팡하거나 영양가 없는 일에 에너지를 소모한다. 일의 진행은커녕 헤매는 데만 급급한 것이다. '나는 인정받지 않아도 되는데, 집행력이 없어도 상관없지 않을까?'

라고 생각할 수도 있다. 그러나 집행력은 일뿐만 아니라 일상생활에도 영향을 끼친다.

①물건을 충동적으로 구매해서 수입보다 지출이 더 큰 경우
②다이어트를 결심했어도 계획도 못 세우고 금방 포기하는 경우
③새해 목표를 세웠어도 뭐부터 해야 할지 몰라 흐지부지 끝나는 경우

이 세 가지 경우는 우리가 일상에서 흔히 저지르는 실수들이다. 이런 실수들은 모두 집행력이 부족해서 발생한다. 따라서 이를 해결하기 위해서라도 집행력을 높일 필요가 있다.

생각설계자들의 특징 2: 메타인지가 뛰어나다

오늘 내로 보고해야 하는 긴급 보고서가 생겼다. 그런데 시간과 정보가 너무 부족하다. 이럴 땐 어떻게 해야 할까? 생각설계자들은 먼저 갖고 있는 정보들을 분류하여 정리한다. 정보가 많지 않더라도 정확한 정보만을 활용하여 보고서를 작성한다. 이러한 보고를 받은 상사는 이렇게 말할 수 있다.

"내용은 좋은데, 근거가 조금 부족하네….
이 부분만 조금 보완하면 좋겠어."

한편 무작정 시작하는 사람들은 얼핏 들은 유용한 정보를 떠올려 보고서를 작성한다. 그렇게 겉으로 보기에는 깔끔한 보고서를 잘 만들어 낸다. 그런데 갑자기 상사가 보고서에 쓴 참고 자료를 보여 달라고 한다면?

"제대로 확인도 안 하고 썼어? 보고서가 장난이야?"

정확한 자료를 활용하지 않으면 모든 노력이 물거품이 된다. 이때 필요한 능력이 '메타인지'다. 메타인지는 이 정보를 내가 정확히 아는 건지, 어렴풋이 아는 건지를 파악할 수 있는 능력이다. 사전적 정의로는 다음과 같이 정의된다.

> **메타인지:** 아는 것과 모르는 것을 정확히 파악하는 능력
> 'meta, 뒤에서' + 'Recognition, 인지'
> = 자신의 생각을 제3의 관점으로 보는 것

또한, 인지심리학자들은 메타인지에 대해 이렇게 말한다. "세상에는 두 가지 종류의 지식이 있다. 첫 번째는 아는 것 같지만 설명할 수 없는 지식, 두 번째는 알면서도 쉽게 설명할 수 있는 지식이다. 그리고 이

를 잘 구별해 내는 것이 바로 메타인지의 핵심이다." 한마디로, 아는 것을 안다고, 모르는 것을 모른다고 인정하는 것이 중요하다는 말이다.

생각설계를 하면 정보들을 구별할 수 있다. 자연스럽게 메타인지적인 행동을 하게 되는 것이다. 따라서 보다 확실한 정보를 찾게 되고, 상사의 잔소리에서 탈출할 수 있다.

생각설계자들의 특징 3: 논리적으로 파고든다

일의 핵심을 파악하고 척척 처리하는 이들을 보고 우리는 일 잘하는 사람이라고 한다. 그들은 상대방의 의견을 존중할 줄도 알고, 해답을 논리적으로 전달한다. 여기서 논리란 사전적 의미로 복잡한 사실을 쉽게 이해할 수 있도록 설명해 내는 힘이다. 즉, 그들은 자신의 생각을 뒷받침해 주는 적합한 근거를 사용해 상대방이 납득하도록 정보를 전달할 줄 안다.

논리적 사고능력은 현대인이라면 누구에게나 꼭 필요하다. 그 이유는 다음의 세 가지를 들 수 있다.

우선, 현대 사회는 정보 과부하 시대인 만큼 거짓 정보가 판을 친다. 따라서 정말 필요한 정보를 골라내고 편집하고 정리하는 능력이 중요해졌다. 그 과정에서 논리는 거짓 정보에 대한 반박 근거를 생각하게 해 준다. 거짓과 진실을 판별하는 힘이 되는 것이다.

두 번째로, 최근 조직 구성원이 다양해지면서 문화의 차이, 언어의 차이가 커졌다. 여러 국적의 사람들이 함께 일하는 프로젝트가 많아진 것이다. 따라서 다양한 사람들 사이에서 공감대를 형성하고 서로를 이해할 수 있는 '논리적 커뮤니케이션 능력'이 필요하다.

마지막으로, 기술과 환경이 급변하면서 시장 상황이 불안정해졌다. 특히, 코로나의 영향으로 세계 경제시장이 많이 기울면서 '평생 직장'이란 개념이 사라지고 있다. 취업에 성공하더라도 그 영광을 오랫동안 유지하기 힘든 것이다. 이런 때일수록, 지금 내가 이 일을 하는 이유는 무엇이며, 한 단계 성장했을 땐 무슨 일을 할 수 있는지를 논리적으로 파악해 두어야 한다. 그렇지 않으면 인생의 방향을 잃고 헤매게 될 수 있다.

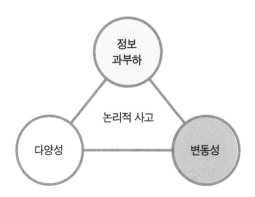

이처럼 논리적 사고는 거짓 정보를 구별해 내는 능력, 상대를 납득시키는 커뮤니케이션 능력, 미래를 바라보는 능력을 높여 준다. 한편, 생각설계자들은 평소에도 여러 생각들을 연관지어 정리하기 때문에 논리적 사고가 습관화되어 있다. 그들에게 논리적 사고란 자연스레 내재된 능력인 것이다.

생각을 설계하는 사람 = 인정받는 사람

정리하자면, 생각설계자들은 높은 집행력과 메타인지, 그리고 논리적인 사고력을 갖고 있다. 그리고 이러한 능력들은 일을 잘한다고 인정받는 사람들에게서 볼 수 있다. 일을 체계적으로 처리해 내는 모습, 합리적인 결정을 내리는 모습 말이다.

앞으로 생각설계 방법들을 익혀 스스로의 상황을 직시하고, 해야 할 일들을 정리하게 될 것이다. 그렇게 집행력과 메타인지, 그리고 논리적인 사고를 길러 낼 것이다. 이 책을 다 읽을 즈음이면, 우리는 생각만 설계했을 뿐인데도 인정받는 사람이 되어 있을 것이다. 이런 말들을 들으면서!

"이런 생각은 어떻게 해낸 거예요?"
"근거가 확실하네요. 믿고 진행해 볼게요."

3 생각설계의 세 가지 효과

"다른 누군가가 할 수 있거나 인생에서 이룰 수 있는 일이라면
나 역시 그럴 수 있다."
- 정철

습관적으로 생각을 설계하는 사람들이 있다

아인슈타인, 빌 게이츠, 스티븐 스필버그는 모두 유대인이다. 지금 이 순간에도 전 세계 금융시장이 유대 자본에 좌우될 정도로 유대인들의 영향력은 어마어마하다. 그러나 그들의 수는 전 세계 인구의 0.2%밖에 되지 않는다. 특별한 초능력이라도 있는 걸까? 아니면 특출나게 높은 IQ를 지녔을까?

한국인의 평균 IQ는 106으로 세계 최고 수준인데, 유대인의 평균 IQ는 94점이다. 그들이 우리보다 12점이나 낮다. 그러나 지능지수와

는 상관없이 유대인들에게서 더 많은 위인들이 나온다. 유대인 전문가인 이상민 작가는《유대인들의 생각하는 힘》에서 그 비밀은 바로 '생각하는 방법'에 있다고 말한다.

생각의 환경을 만들면 인생의 주인이 된다

유대인들과 우리의 생각 방식 차이는 교육에서부터 비롯된다. 한국의 교육은 대개 암기식, 주입식으로 이루어진다. 조금이라도 다른 의견을 제시하거나 질문하면 다그치고 본다. 질문해서 혼나는 횟수가 쌓일수록 아이들은 질문하는 것에 두려움을 갖게 된다. 그렇게 정답 외에는 다른 생각을 하지 않게 되는 것이다. 진로를 정할 때도 학생들은 성공하려면 좋은 학벌을 얻고 좋은 직장에 가야 한다고 세뇌당한다. 그 여파로 모두가 똑같이 공무원이나 대기업을 위해 공부한다. 때문에 개성은 없고, 좌절은 많다.

반면, 유대인들은 주로 대화를 통한 자유로운 교육을 선호한다. 가족 간의 대화를 중시하기 때문에 TV가 없는 집이 많다. 또한, 질문을 한 사람에게는 칭찬을 아끼지 않는다. 사람마다 생각하는 방식이 다르기 때문에 질문을 하며 다양한 관점에서 생각해 본 것을 칭찬해 주는 것이다. 그 때문인지 유대인들은 사소한 것 하나라도 궁금해지면 질문한다. 이런 문화 덕분에 그들은 자연스레 성공에 대한 정답은 사람마다 다르다고 생각하며, 각자의 목표대로 자기만의 인생을 살아간다. 그들이 창업을 많이 하는 이유이기도 하다.

직장생활 중에 이스라엘 엔지니어들과 함께 일해 볼 기회가 있었다. 덕분에 그들의 생활상을 들어볼 수 있었는데, 그들은 최근 TV가 많이 들어왔지만, 대부분 보지 않는다고 했다. 가족 간의 대화를 중시하기 때문이라고 말이다. 덧붙여서 TV를 보는 것은 시간을 버리는 것과 같다고 했다.

유대인들은 어릴 때부터 생각을 설계하는 방법을 배운다. 대화를 중시하는 문화 덕분에 끊임없이 생각하고 질문하고 답을 얻는 것이다. 반대로 우리는 질문하는 것에 두려움을 갖게 되어 스스로 무언가에 대해 생각하려 들지도 않고, 지식을 편식하게 된다. 이런 문화에서 살고 있는 우리도 이제는 인생의 주인이 되기 위해 생각하는 힘을 길러야 한다.

생각을 설계하면 목표가 선명하게 보인다

'생각할 줄 아는 것이 성공을 가져다준다고?'라는 의문을 가질 수 있다. 단호하게 말하자면, 이는 진실이다. 생각하는 것이 곧 성공이라는 것을 증명한 사람들도 있다. 아인슈타인의 상대성이론, 빌 게이츠의 성공신화, 스티븐 스필버그의 초대박 흥행영화 등 모두 생각으로부터 시작된 것들이다.

가만히 눈을 감고 생각해 보자. 내가 무엇을 하고 싶었는지.

'나는 대통령이 될 거야!'
'나는 운동선수가 될래!'
'나는 경찰이 되겠어!'

'나'에 대해서 깊이 생각해 보면 정말 뭘 좋아하고, 뭐가 되고 싶었는지를 다시금 떠올릴 수 있다. 그리고 자신에 대한 생각은 우리를 움직이게 해 주는 원동력이 되어 줄 것이다.[1]

이제는 누구나 자신만의 브랜드를 가질 수 있다

SNS의 발달로 정보를 가공하고 전달하는 일이 누구나 할 수 있을 정도로 쉬워지면서 1인 브랜드의 영향력이 커지고 있다. 블로그를 필두로 유튜브, 인스타그램 등에서 많은 인플루언서들이 생겨났다. 그들은 좋아하는 것을 하면서 돈을 번다. 아마도 그들에게 퇴직이란 단어

---

1   생각설계를 통해 나를 알아 가는 법에 대해선 3부에서 다루었다.

는 먼 나라 이야기일 것이다. 유튜브와 같은 플랫폼은 나이에 국한되지도 않는다.

반면에 직장인들은 어떨까? 철밥통이라는 공무원도 시간이 지나면 은퇴를 한다. 연금이 나오긴 하지만 늘어난 수명 동안 풍족하게 살지는 의문이다. 일반 직장이면 더 심각하다. 언제 해고될지 모르고, 퇴직 이후엔 어떻게 먹고살아야 할지 고민해야 한다.

생각설계, 할 수 있다는 생각부터 갖자

생각설계는 잊었던 꿈을 찾아 주고, 하루빨리 이루고 싶게 만들어 준다. 게다가 생각설계를 활용하면 SNS를 통해 인플루언서가 되어 자신의 브랜드를 가질 수도 있다.[2] 중요한 건 '나도 할 수 있다'는 믿음이다. 생각을 설계하는 게 목표와 가까워지는 방법임을 믿을 수 없다면 이를 익히더라도 아무 소용이 없다. 만일 복잡해 보이거나 의심스럽다면, 잘 모르기 때문에 그런 것이다.

처음 두 발로 일어나 걸을 때를 생각해 보자. 그동안 네 발로 기어다니다가 처음으로 한 발을 내디디는 것은 힘든 도전이었을 것이다. 그러나 우린 될 때까지 내디뎠고, 그 결과로 이젠 의식하지 않아도 자동으로 걸을 수 있다. 처음엔 단지 어떻게 해야 할지를 몰라서 어려웠

---

2   6부에서 자세히 다루었다.

을 뿐이다. 생각설계도 똑같다. 이 책을 통해서 하나씩 따라하다 보면 의외로 쉽다는 걸 알게 될 것이다.

지금까지 작심삼일이란 말을 달고 살았다면 이젠 벗어 버릴 때다. 생각을 설계하다 보면 나도 모르게 목표를 이루고 싶다는 의욕이 솟아날 것이다. 하루빨리 인정받고 싶어질 것이다. 내가 계획하고 설계한 대로 몸을 움직이게 될 것이다.

4. 우리는 생각설계 자질을 타고났다

"사람이 인생에서 가장 후회하는 어리석은 행동은
기회가 있을 때 저지르지 않은 행동이다."
- 헬렌 로렌드

생각설계는 쉽다, 단지 어렵게 느껴질 뿐이다

생각설계는 겉으로 보면 복잡해 보인다. 이 때문인지 주변에 생각설계를 권하면 "나는 복잡하게 생각하고 싶지 않아. 헷갈리기만 해."라고 답한다. 하지만 생각설계는 복잡한 생각을 단순하게 만드는 것이다. 생각보다 어렵지 않다. 생각을 적어서 보이게 만들고, 세분화하여 순서를 정해 배열하는 것만 기억하면 된다.

보이게 만들면 단순해진다

밥 먹는 과정을 떠올려 보자. 밥을 떠먹을 숟가락이 보이고, 우리가 목표물로 삼는 음식이 눈앞에 있다. 처음에 밥 먹는 방법을 모를 때는 숟가락을 잡고, 밥을 뜨는 과정들이 복잡해 보인다. 그러나 숟가락으로 몇 번 떠먹는 모습을 보면 아무것도 아니라는 걸 알게 된다. 이를 반복하다 보면 쉽게 따라할 수 있다. 생각도 마찬가지다. 직접 설계해 보기 전에는 온갖 생각들이 머릿속에서만 둥둥 떠다녀서 복잡해 보인다. 이 생각들을 종이에 적거나 그려서 눈으로 볼 수 있게 만들어 주면 훨씬 단순해진다.

또 다른 예로, 버튼을 누르면 전등이 켜지는 제품을 개발한다고 생각해 보자. 아무리 간단한 제품을 개발한다고 해도, 단순한 도면 설계와 코딩 작업만으로는 충분하지 않다. 사전에 어떤 재료를 사용할 것인지, 어떤 함수를 사용할 건지 관계를 정리해야 한다. 간단하게는 도식화해서 상관관계를 한눈에 볼 수 있도록 만드는 방법이 있다. 이를 그려 두면, 나중에 문제가 생겼을 때 원인을 찾기가 수월해진다. 이는 실제 SW를 개발할 때도 필수적으로 거치는 단계인 만큼 중요하면서 유용하다.

생각설계도 똑같다. 오늘 해야 할 일들이 너무 많다면 메모지에 떠오르는 대로 적어 보자. 손으로 적으면서 머릿속으로 정리되고, 한눈에 보기에도 단순해진다. 그럼 먼저 해야 할 것으로 보이는 그것부

터 하면 된다. 순서대로 해 나가기만 하면 어느 순간 다 해치운 상태가 될 것이다.[3]

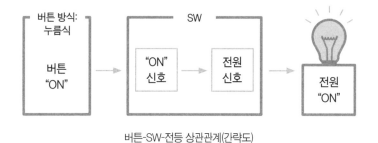

버튼-SW-전등 상관관계(간략도)

우리는 단순화하는 능력 두 가지를 타고났다

우리의 뇌는 보는 것뿐만 아니라 잘게 쪼개서 정리하는 능력 또한 타고났다. 바로 '범주화' 능력이다. 예를 들어, 잔디가 가득 깔린 것을 보면 자연스레 '잔디밭이네'라고 생각한다. 잔디 이파리 하나하나를 생각하지 않고, 잔디밭처럼 한 덩어리로 생각하는 것이다. 이처럼 우리의 뇌는 본능적으로 사물 간의 공통점을 파악한다.

반대로 우리 뇌는 덩어리를 쪼개서 이해하기 쉽게 정리하는 능력도 발달했다. 옷이 한곳에 모여 있으면 상의, 하의, 신발 등 착용하는 부위별로 자연스럽게 범주를 나눈다. 청바지, 블랙진과 같이 색상이나 부수적인 특성들로도 분류할 수 있다. 한마디로, 사물 간의 차이점을

---

3   생각을 설계해서 일의 순서를 정하는 구체적인 방법은 4부 1장에서 다루었다.

파악할 수 있다.

범주화하는 능력이 생각설계와 무슨 연관이 있을까? 범주화는 사물들을 같은 특성을 지닌 것끼리 연관지어 나열하고 그룹화함으로써 정리하는 것이다. 생각설계도 이처럼 생각을 범주화하는 것이다. 업무적으로는 해야 할 일을 공과 사로 구분하거나, 언제, 어떻게 할 것인지 나눌 때 쓰이며, 일상에서는 집 정리를 할 때 같은 물건끼리 모아 두기 위해 구역을 정하기도 한다. 즉, 해야 할 일이 있으면 자동으로 무엇부터 할 것인지를 떠올리는 것이다.

우리의 뇌는 범주화 말고도 연상능력 또한 지니고 있다. 마트에 바비큐 파티에 쓰일 고기를 구매하러 갔다고 가정해 보자. 고기를 사러 갔다가 야채와 쌈장, 그리고 불판이 떠올라 계획보다 많이 샀던 경험이 있을 것이다. 이처럼 한 가지 물건을 보면 그와 관련된 물건들이 떠오른다.

이는 일상이나 직장에서 경험하는 일련의 상황과도 연관된다. 비가 오면 먼저 비를 피해야 한다. 비를 피하는 방법 중엔 우산을 쓰는 방법이 있다. 우리의 연상능력은 형태가 전혀 다른 우산과 비 사이의 관계를 연결시켜 준다. 직장에서 보고서를 쓸 때를 생각해 보자. 보고서를 작성하려면 먼저 목적에 맞는 정보가 필요하다. 정보는 자료수집 활동을 통해 얻을 수 있다. 이런 방식으로 연상능력을 통해 '작성'의 행위와 '수집'의 행위가 서로 연결된다.

범주화 능력과 연상 능력은 생각을 설계함에 있어 기본적인 능력 치가 되어 준다. 우리는 이들을 통해 생각을 설계하고, 일을 단순화하는 잠재력을 이미 갖고 있는 것이다.

우리는 생각설계를 잘할 수밖에 없도록 교육받았다

생각설계는 이성적이고 논리적인 좌뇌와 공감각적인 우뇌를 결합 활동이다. 그리고 우리는 선천적으로 우뇌형으로 태어나 획일화된 교육을 통해 좌뇌형 사고방식을 교육받았다.

생각해 보면, 우리나라는 조선시대까지 농업을 기본 산업으로 삼아 왔다. 증기기관이 발명되어 산업혁명이 일어났을 때조차 말이다.

주식인 '벼'의 파종부터 수확까지 기간은 짧게는 90일부터 길게는 330일에 이른다. 그 기간만큼 우리 조상들은 매일 논에 나가 일을 해야 했다. 이때 벼는 되도록 많은 수확량을 위해서 균일한 공간에 정확히 나뉘어 자라야 한다. 그래야만 서로의 영양분을 빼앗지 않고 고루 자랄 수 있다. 우리 조상들은 당시 기계가 있는 것도 아니었는데, 균일한 간격으로 모를 심어 낼 수 있었다. 이는 뛰어난 공감각적 능력 덕분이다. 만약 이 사실이 납득되지 않는다면, 우리 민족은 예부터 활을 잘 쐈다는 것을 떠올려 보라.

반면에 지금은 가장 공부를 많이 한다는 고등학생들에게 획일화된 교육방식과 '빨리빨리'를 강조하는 문화를 주입한다. 오로지 이성적이고 논리적인 사람이 되도록 교육한다.

이는 선천적으로 우뇌형인 우리가 후천적으로 좌뇌형 교육을 받는다고 생각하면 된다. 즉, 우뇌와 좌뇌의 결합이 더 쉬워지면서 생각 설계를 익히려는 우리의 성공 가능성을 높여 주는 것이다.

생각을 설계하는 건 차려진 밥상 위의 숟가락을 집는 것이다

우리에게는 복잡함을 단순하게 바꿔 줄 범주화와 연상능력이 있다. 또한 선천적인 우뇌 감각과 후천적인 좌뇌 감각 모두를 갖고 있다. 따라서 생각을 설계하는 것은 다 차려진 밥상 위 숟가락을 집는 것과 다름없다. 이제 우린 그 숟가락을 집어 밥을 떠먹으면 된다.

5 다빈치, 피카소, 아인슈타인도 생각을 설계했다

"새로운 일을 시작하는 용기 속에
천재성과 무한한 능력과 하늘이 돕는 기적이 숨어 있다!"
- 요한 볼프강 폰 괴테

천재들도 생각을 설계했다

이름만 대면 알 수 있는 천재들이 있다. 레오나르도 다빈치, 파블로 피카소, 알버트 아인슈타인. 우리는 그들이 무언가를 이루어 냈다는 것은 알지만, 어떻게 해냈는지는 대부분 잘 모른다. 단순히 '천재니까 아이디어가 무궁무진하게 샘솟았을 거야'라고만 여기는 것이다. 그러나 알고 보면 그들도 생각을 설계하는 것부터 시작했다.

레오나르도 다빈치는 메모광이었다

레오나르도 다빈치는 그림, 시, 조각, 악기 등 예술과 물리학, 수학 심지어 과학에 이르기까지 다양한 분야에 능통했다. 세계적인 명화 〈모나리자〉와 〈최후의 만찬〉을 그리고, 직접 수차와 수문을 만드는 등 그의 천재성을 증명할 업적들은 무수히 많다. 그는 흔히 말하는 '팔방미인'이었다. 보통 팔방미인은 다양한 분야를 두루두루 잘하지만, 한 가지 일을 특출나게 잘하기는 쉽지 않다. 반면에 그는 모든 걸 잘해 냈다. 그 비결은 무엇일까?

레오나르도는 메모광이었다. 무언가 떠오르는 것이 있으면 그림과 문자로 내용을 기록했는데, 그 양이 무려 13,000장에 달한다. 노트에는 해부학, 비행기 모형 등 다양한 생각들이 적혀 있다. 여기서 핵심은 글과 '그림'이 함께 기록되어 있다는 점이다. 덕분에 다른 문헌들에 비해 이해하기가 쉽다. 그 결과였을까? 그는 15세기 사람이지만 지금도 세계적으로 창의적인 위인으로 손꼽힌다.

파블로 피카소, 보이지 않는 것을 보이게 만드는 능력

입체주의의 창시자 파블로 피카소. 그가 천재라고 불리는 이유는 무엇일까? 그의 작품을 보면 일반적인 형태의 사람이나 사물을 찾아

보기 힘들다. 그는 모든 것을 다양한 각도에서 보려고 노력했다. 정면의 그림인데도 옆에서 본 모습, 뒤에서 본 모습 등 앞에서 보이지 않는 모습들을 표현한 것이다. 그는 그림 〈아비뇽의 아가씨들〉을 설명하며 이렇게 이야기했다.

> "비뚤어진 코, 나는 일부러 그렇게 만들었다.
> 나는 사람들이 코를 볼 수밖에 없도록 한 것이다."

그는 오랫동안 통념으로 자리 잡아 온 그림의 형식을 바꿔 놓았다. 이전까지는 그림을 그린다는 것이 대상을 사실적으로 묘사하는 '리얼리즘 문화'였다면, 그의 작품을 시작으로 하나의 대상을 다른 각도에서 바라본 모습들로 조합하여 표현하는 '큐비즘 문화'가 유행했기 때문이다. 보이지 않는 것을 시각화하는 힘이 새로운 문화를 가져온 것이다.

___

알버트 아인슈타인, 그는 생각의 힘을 믿었다

상대성 이론을 발표한 아인슈타인. 그는 대학시절까지만 해도 그다지 눈에 띄는 학생이 아니었다. 심지어 졸업시험은 전체 6명 중 4등을 했었다. 그런 그에게 대체 무슨 일이 있었기에 성공할 수 있었던 걸까?

그에게 있어 상상력은 그 어떤 지식보다 중요한 것이었다. 상상력은 곧 생각이다. 그는 일찌감치 생각의 힘을 알았던 것이다. 그는 평소엔 각종 이론과 공식에 대해 철저히 논리적인 사람이었다고 한다. 그러나 뭔가를 상상하기 시작하는 순간 한없이 비논리적이며 창의적인 사람이 됐다.

실제로 그는 단순히 '생각하는 것'을 넘어 '사고 실험'을 해냈다. 현실에서 증명하기 힘든 것들을 끊임없이 상상하고, 다양한 가정을 세우고 끊임없이 생각한 것이다. 결국 그는 상대성 이론을 구체화하는 데 성공한다. 이처럼 아인슈타인은 생각의 힘을 굳게 믿었고, 결국 믿기 힘든 아이디어를 증명해 냈다.

아인슈타인의 책상과 관련된 재밌는 일화가 있다. 그는 책상정리를 안 하는 것으로 유명했었다. 누군가 지저분한 책상에서 생각이 잘되느냐고 물었을 때 그는 이렇게 답했다고 한다.

"어지러운 책상이 어지러운 머리를 뜻하는 거라면
빈 책상은 빈 머리를 뜻하는가?"

인정받는 사람들이 중요하게 생각한 생각설계, 우리도 시작해야 한다

앞서 살펴본 바, 위대한 인물들은 생각을 설계하는 나름의 방식이 있었다. 꼭 생각을 설계하는 것만이 성공의 열쇠는 아니지만, 성공으로 가는 길에 큰 도움을 줄 순 있다. 그게 아니라면 레오나르도의 메모들은 무슨 소용이며, 아인슈타인의 상대성 이론은 왜 진리에 가깝다고 하는가?

실제로 기업 임원들의 이야기를 들어 보면, 대부분 자기만의 생각 설계 방식이 있었다. 그들도 메모를 하고, 생각하고, 정리한다. 그리고 이 행동들을 매우 중요하게 생각한다. 이런 상황에서 우리가 생각설계 방법을 익히는 것을 망설일 이유는 없다. 이미 이를 실천하여 가치를 실현한 사람들이 있지 않은가.

생각설계를 도와주는
생각정리 도구들

THINK

1 쉽고 간단한 생각정리 도구

생각설계를 위해선 생각정리 도구를 알아야 한다

생각설계를 효율적으로 하려면 이를 도와주는 도구들이 필요하다. 토니 부잔, 맥킨지 등 생각의 대가들이 만든 생각정리 도구가 그들이다. 여기에는 흔히 아는 '마인드맵', '로직트리', '매트릭스(도표)' 등이 포함된다.

이 장에서는 생각정리 도구의 기원부터 종류, 사용법을 알아볼 것이다. 이러한 기본 지식들은 생각정리 도구들을 연계하는 생각설계 방법을 익히는 데 꼭 필요하다.

생각정리 도구는 단순한 도형과 기호로부터 탄생했다

생각정리 도구라고 해서 화려하거나 복잡한 형태를 갖지는 않는다. 오히려 단순한 도형들과 기호들로 이루어져 있다. 레오나르도 다 빈치도 생각설계의 대가였지만, 딱히 대단한 모형을 사용한 것이 아니다. 그저 그림과 문자로 생각을 기록하는 정도였다. 시간이 지나 만들어진 생각정리 도구들도 그 형태가 다양하게 제시되었지만, 결국 기본 도형들의 집합이다. 그중에서도 모체가 되는 도구들이 있다. 바로 교환도, 수형도, 매트릭스라고 불리는 도구들이다.

1. 교환도: 프로세스맵의 탄생 기원

교환도는 두 대상간의 관계를 가시적으로 표현하는 도구이다. 상업적으로는 무슨 물건을 거래하는지 시각적으로 볼 수 있게 해 준다. 한마디로 일이나 물건의 흐름을 정의해 주는 것이 교환도이다.

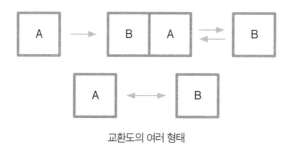

교환도의 여러 형태

교환도의 구성은 단순하다. 사각형과 화살표로도 표현이 가능하다. 정말 간단하지 않은가? 이 도구로부터 업무를 나눠서 체계적으로 정리해 주는 프로세스맵이 탄생한다. 추후에 이야기하겠지만, 프로세스맵은 복잡한 일을 잘게 쪼개 주어 일의 우선순위를 파악할 때 유용하다.

보고서 작성을 위한 프로세스맵

2. 수형도: 조직도와 로직트리의 시작

수형도는 구조적 특성을 파악하기 좋은 생각정리 도구다. 이는 기업이나 공공기관의 조직을 정리하는 조직도 형태로 많이 사용된다. 또한 보고서나 글의 논리를 구성하는 데 쓰이는 로직트리도 이 수형도를 기반으로 만들어졌다.

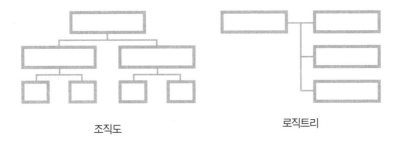

조직도   로직트리

3. 매트릭스:
비교 매트릭스, 긍정루틴 매트릭스, 경험 템플릿으로 변신하는 카멜레온

매트릭스는 2개 이상의 요소들을 특정 기준에 따라 정리함으로써 관계를 표현하는 도구이다. 흔히 도표라고도 불리는 이 도구는 일상생활에서도 쉽게 볼 수 있다. 우리가 많이 사용하는 엑셀 프로그램을 생각하면 좋다.

	A	B
1		
2		

2×2 매트릭스

이 도구는 생각설계 중에 여러 가지 상품을 비교하는 비교 매트릭스나 일정 계획에 유용한 긍정루틴 매트릭스, 그리고 나를 파악하고 정리하는 경험 템플릿으로 발전한다.

하나씩 간단하게 설명하자면, 비교 매트릭스는 두 가지 제품 중 하나를 택해야 할 때 유용하게 쓸 수 있는 생각설계 활동이다. 긍정루틴 매트릭스는 삶에 긍정적인 루틴을 만들어 줄 때 사용되는 도구고, 경험 템플릿은 자기소개서와 같이 나를 표현하는 글을 쓰기 위한 생각설계 활동과 관련된다.

생각정리 도구 = 프레임워크 = 비즈니스의 기본기

생각정리 도구는 비즈니스 언어로 '프레임워크'라고도 불린다. 국적을 불문하고 글로벌 비즈니스에서 널리 사용되고 있는 업무 기술이다. 즉, 프레임워크를 익히면 비즈니스의 기본기를 다질 수 있다는 것이다. 실제로 프레임워크를 사용하면 업무 성과나 생산성이 향상된다.

마이클 하우스먼이라는 경제학자가 특정 도구를 사용하는 업무 방식의 효과성을 검증하기 위한 연구를 실시했다. 직원들이 사용하는 웹브라우저를 기준으로 연구가 이뤄졌는데, 결론적으로 기본 브라우저인 '인터넷 익스플로러'를 사용한 직원보다 '파이어폭스', '크롬'을 사용한 직원들의 업무 능력이 빠르게 증가했다. 보통 120일이 지나야 보여 줄 수 있는 업무능력을 90일 만에 보여 주었기 때문이다. 게다가 그들의 평균 판매 실적과 고객 만족도는 일반 직원들보다 높았다.

여기서 핵심은 그들이 좀 더 효율적인 브라우저를 사용했다는 것에 있다. 기본보다 빠른 브라우저를 찾고, 설치하는 수고를 들여 업무 효율을 높인 것이다. 새로운 브라우저를 찾았다는 건 '업무를 대하는 태도'가 남다름을 의미한다. 그들은 자신이 처한 상황을 주도적으로 개선했으며, 기존 방식보다 효율적인 방법을 떠올렸다.

생각정리 도구도 이와 같다. 생각정리 도구들을 활용한다면 기존 방식보다 훨씬 효율적으로 일을 처리할 수 있게 된다. 평범한 사람도 생각정리 도구를 사용하면 남다른 사람이 된다는 뜻이다.

노력×도구^2 = 재능×도구 = 성취 → 인정받는 사람

일반적으로 평범한 사람은 타고난 재능을 가진 천재들을 이길 수 없다고 생각한다. 그런데 사실 재능은 '타고난 능력'뿐만 아니라 '노력으로 획득한 것'도 포함한다. 즉, 생각정리 도구를 끈질기게 사용하면 생각설계 능력이 향상되면서 재능이 된다. 반복을 통해 하나의 도구에 익숙해지면 여러 생각정리 도구들을 연계해서 사용할 수도 있다.

운전 배울 때를 생각하면 좋다. 처음엔 차선을 따라 운전하는 것도 어렵다. 그러나 익숙해지면 와이퍼를 작동하거나 에어컨 조작처럼 다른 기능들을 동시에 사용할 수 있게 된다. 이처럼 생각정리 도구와 반복적인 노력이 더해지면 재능이 되고, 도구를 연계해서 사용할 정도가 되면 성취가 이뤄진다. 즉, 생각설계는 인정받는 사람이 되는 길을 보여 준다.

생각정리 도구는 단순한 도형들로 이루어져 사용하기도 쉽다. 앞으로는 생각정리 도구들을 구체적으로 알아볼 것이며 실제로 업무나 일상에 적용하는 방법도 소개할 것이다. 이 도구들을 배우고 익혀서 직접 써먹어 보자. 일의 효율이 확실히 높아진다. 사실, 기존의 방식에 만족하지 않고 이 책을 찾아 읽고 있다는 것만으로도 당신은 이미 인정받을 만하다.

2

내 안의 능력을 끄집어내는 도구
: 마인드맵, 브레인스토밍, 브레인라이팅

"자신을 사랑하지 않는 사람은
다른 사람도 사랑할 수 없다."
- 에라스뮈스

우리에겐 생각보다 많은 지식이 있다

혹시 자신이 너무 부족하다고 느껴 본 적 없는가? '나는 아는 게 없
어…'라며 자책해 본 적은 없는가? 이는 내면을 무너지게 만드는 생각
들이다. 이상하게도 이런 생각들은 시도 때도 없이 하게 된다.

사실 우리가 알고 있는 지식은 생각보다 많다. 살아오면서 보고,
듣고, 느꼈던 모든 것들이 나만의 소중한 지식이고 정보이다. 업무에
있어서 쓸모없는 지식은 없다. 때문에 우린 결코 아는 게 없지 않다.
단지 사용되는 분야가 다른 것뿐이다.

그럼 이러한 지식들은 대체 어디에 어떻게 써야 할까?

왜 보고서를 쓰려고만 하면, 무언가를 만들려고만 하면 떠오르지 않는 걸까?

지금까지 이런 생각에 시달렸다면 더 이상 걱정할 필요 없다. 내면에 숨어 있는 지식과 정보들을 끄집어내 줄 도구가 있기 때문이다. 마인드맵, 브레인스토밍, 브레인라이팅이 그것이다.

마인드맵: 우리의 생각을 보여 주는 지도

우리의 뇌는 글보다 이미지를 보았을 때 더 쉽게 이해한다. 마인드맵은 그 원리를 이용해서 만들어졌다. 우리 뇌는 단순해서 단어에 동그라미만 그려도 이미지로 인식한다. 이를 활용해서 떠오르는 생각과 도형을 조합하여 방사형으로 기록하는 것이 마인드맵이다.

완성된 마인드맵은 생각이 확장되는 느낌을 준다. 우리의 뇌는 연상능력을 타고났다는 것을 기억하는가? 마찬가지로 핵심 주제에서부터 연상되는 것들을 가지치기하며 적기만 하면 된다. 이는 자유로운 발상 도구로 많이 쓰이고 있다.

마인드맵을 그리는 방법은 간단하다. 종이와 볼펜, 그리고 주의할 점 세 가지만 기억하면 된다.

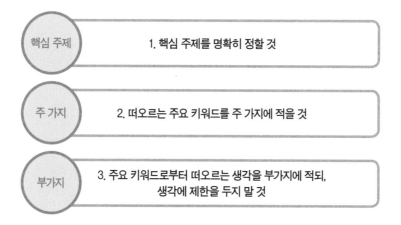

핵심 주제   1. 핵심 주제를 명확히 정할 것

주 가지   2. 떠오르는 주요 키워드를 주 가지에 적을 것

부가지   3. 주요 키워드로부터 떠오르는 생각을 부가지에 적되, 생각에 제한을 두지 말 것

핵심 주제는 생각 확장을 위한 초석이다. 핵심 주제가 명확하지 않으면 생각을 확장하기란 쉽지 않다. 주 가지에 들어갈 주요 키워드들은 되도록 큰 개념들로 채우는 게 좋다. 그래야만 다양한 생각들을 마구 떠올릴 수 있기 때문이다. 마지막으로, 부가지에 들어갈 내용을 생각할 때는 제한을 두면 안 된다. 마인드맵은 말 그대로 내 안에 숨어 있는 지식들을 끄집어내는 활동이다. '이건 아니야', '이건 좀 다른 주제

지'라는 생각을 하게 되면 다양한 생각을 떠올리는 데 망설임이 생긴다. 생각의 길이 막혀 버리는 것이다.

마인드맵을 쓰면, 일상에서 우리가 생각하지 못했던 것들을 떠올릴 수 있다. 그 과정에서 의외로 풍부한 지식을 가진 나를 발견하면서 자존감이 향상될 수 있다. 또한 마인드맵을 그리다 보면 기억력도 좋아진다. 손은 뇌와 가장 많은 신경들이 연결된 곳이다. 따라서 손을 이용해 마인드맵을 그리다 보면 자연스럽게 뇌를 활발히 사용하게 된다.

마인드맵의 활용 분야는 무궁무진하다. 일상에서는 '나를 파악하고 싶을 때', '인생의 목표를 찾고 싶을 때' 사용할 수 있다. 직장에서는 보고서 작성을 위해 '자료 정리가 필요할 때'나 온갖 의견들이 오고가는 '회의를 진행할 때'도 사용할 수 있다. 실전적으로 쓰는 방법이 궁금하다면 3, 4부를 참고하길 바란다.

브레인스토밍: 여러 사람이 모여 일으키는 아이디어 폭풍

'여러 사람의 생각을 동시에 끄집어내면 좋지 않을까?'라는 질문으로 탄생한 것이 바로 브레인스토밍이다. 구조는 마인드맵과 비슷하지만, 여러 사람이 모여 함께 사용한다는 점이 다르다. 브레인스토밍은 어떻게 활용하는 걸까? 먼저 브레인스토밍을 시작하기 위해 필요한 최적의 인원구성이 있다.

회의 진행자	1. 주제를 공유하고 참여자들이 균형 있게 발언할 수 있도록 중재해 준다
내용 기록자	2. 제시되는 아이디어들을 객관적인 입장에서 마인드맵 형식으로 기록한다
아이디어 발표자	3. 공유된 주제를 바탕으로 자유로운 생각을 제시한다

브레인스토밍은 일반적으로 5~10명 정도의 인원으로 진행하는 것이 좋다. 여기서 회의 진행자는 주어진 문제 혹은 주제를 공유해야 한다. 단, 핵심 주제와 주/부가지별로 시간을 정해서 골고루 논의할 수 있도록 해야 한다. 내용 기록자는 제시된 아이디어들을 마인드맵 형식에 맞춰 기록한다. 본인의 생각은 배제하고 객관적인 입장에서 말이다. 아이디어 발표자는 참여자 중 회의 진행자와 내용 기록자를 제외한 모두이다. 이때 주의해야 할 점은 아무리 상급자라도 권위를 세워선 안 된다는 것이다. 수평적인 분위기가 이루어져야 떠오르는 아이디어를 누구나 쉽게 공유할 수 있다.

브레인스토밍은 주로 해결방법이 잘 떠오르지 않는 문제에 대해 논의할 때 많이 사용된다. 아무리 어려운 문제라도 여러 사람이 모이면 좀 더 창의적인 방법을 찾아낼 수 있다는 취지에서다. 쉽게 생각하면 브레인스토밍은 여러 사람이 함께 만드는 마인드맵이다. 서로의 생각을 존중해 주는 분위기가 형성될수록 효과가 높아진다.

이때, 포스트잇을 활용하여 진행하는 것도 좋다. 편집도 쉽고, 모두가 공유할 수 있어서 다른 아이디어에서 영감을 얻는 효과가 생길 수 있기 때문이다.

브레인라이팅: 침묵의 브레인스토밍

브레인라이팅은 소수만 참여할 수 있는 브레인스토밍의 단점을 극복하기 위해 고안된 생각정리 도구다. 브레인스토밍은 상대적으로 적극적인 성격의 사람들이 더 많은 발언권을 가져간다. 소극적인 사람들은 의견을 말하기가 쉽지 않다. 실제로 한 경영대학원에서 실시한 연구 결과에 따르면, 브레인스토밍 시 상급자나 1~2명의 구성원이 전체 의견의 60~70%를 제시했다. 브레인라이팅에서는 이런 부분을 해결하기 위해, 소극적인 사람들도 의견을 제시하기 쉽도록 만들어졌다.

브레인라이팅은 순서대로 자신의 의견을 종이에 적음으로써 아이디어를 제시하는 방법이다. 떠오르는 생각들을 모두 적으면 전체적으로 종합한 후에 최종 결론을 도출한다. 브레인스토밍과 다른 점이 있다면 말과 글의 차이라고 보면 된다.

마인드맵은 내가 무엇을 좋아하고, 잘하는지를 떠올리게 해 준다. 브레인스토밍이나 브레인라이팅은 해결하기 힘든 문제들을 동료들과 함께 해결할 수 있는 힘을 준다. 즉, 이들은 숨겨진 지식들을 끄집어내 문제를 해결해 준다. 이들을 사용한다면 일상과 직장 곳곳의 어려운 문제들을 수월하게 풀어 나갈 수 있다.

3 스토리 · 논리를 구성하는 도구
: 로직트리, KJ법, 5W2H

"집중과 단순함. 이게 바로 제 신조 중 하나입니다.
단순함은 복잡함보다 어렵습니다.
자기 생각을 정돈해서 단순하게 하려면 굉장히 노력해야 합니다.
하지만 그럴 가치가 있죠.
일단 단순함에 도달하기만 하면 산을 옮길 수 있습니다."
- 스티브 잡스

생각 끄집어내기 → 논리 구성하기!

생각을 끄집어냈으면 이젠 논리를 구성할 차례. 식재료를 이곳
저곳에서 샀다. 그럼 그대로 끝인가? 아니다. 그 재료들을 사용해서 어
떤 방법으로든 음식을 만드는 과정이 필요하다. 이때, 이상한 방법으
로 요리를 하면 세상에 없던 요리가 탄생하기도 한다.

생각설계도 똑같다. 요리를 위해 식자재를 준비하듯, 생각설계를
위해 생각의 재료들을 모은다. 그리고 생각재료들을 정리해서 상대가
쉽게 이해할 수 있도록 논리를 구성해야 한다. 그 논리를 어떻게 구성
하는지는 걱정할 필요 없다. 따라 하기만 하면 논리가 만들어지는 생

각정리 도구들이 있다.

로직트리: 무엇을? 왜? 어떻게? 논리를 만드는 도구

로직트리는 말 그대로 논리를 나무 형태로 표현하는 도구이다. 기본적으로 논리 구조를 통해서 근거를 찾고, 결론을 내는 도구로서 목적이 명확하다. 따라서 글쓰기나 보고서 작성 등에 유용하다.

로직트리는 세 가지 질문을 던지며 생각을 정리하게 해 준다.

무엇이 문제인가? 왜 문제인가? 어떻게 해결할 것인가?

이러한 질문들은 보고서에 작성되는 내용과 일대일로 대응될 수 있다. 개요-추진배경-추진방안(추진계획) 순으로 작성돼야 하는 보고서를 생각해 보자. 개요에는 무엇이 문제인지, 배경에는 왜 문제가 됐는지, 방안에는 어떻게 할 것인지를 적도록 되어 있다. 따라서 로직트리를 활용하면, 어디에 무슨 내용을 적어야 할지가 파악되어 보고서를 쉽게 작성할 수 있다. 간단한 예시로 강아지가 자주 아프다는 상황을 해결하기 위해 로직트리로 분석해 보자.

1. 무엇이 문제인가?

로직트리 분석의 첫 단계는 문제 인식부터 시작한다. 이때, 표면적으로 문제가 되는 것을 핵심 주제로 잡는다. 갑자기 강아지의 상태가 이상해졌다고 가정해 보자. 무엇이 문제인지 알려면 강아지가 이전에 무슨 활동을 했는지, 뭘 먹었는지, 누굴 만났는지 등을 생각해 볼 수 있다. 여기서는 오후에 애견 카페에 갔던 것이 주된 원인이라고 설정해 보자.

2. 왜 문제인가?

무엇이 문제인지 찾았다면, 왜 발생했는지 원인을 찾는 과정이 필요하다. 문제점에 대해 '왜?'라는 질문을 반복하여 근본 원인을 찾는다. 여기서는 카페 위생 상태가 안 좋았거나, 미세먼지가 심했거나, 다른 강아지들을 만났거나 등 여러 원인이 있을 것이다. 그중에서도 카페 위생 상태를 주 원인으로 결정해 본다.

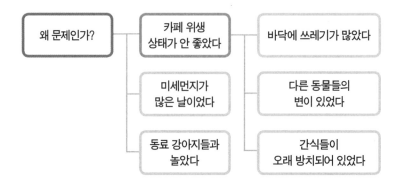

3. 어떻게 해결할 것인가?

좀 더 근본적인 원인을 찾았다면, 문제를 어떻게 해결할 것인지 찾는 과정이 필요하다. '어떻게?'를 반복하면서 구체적이고 현실적인 방안을 찾는다. 애견카페의 위생 상태가 좋지 않았기 때문에, 강아지가 아픈 것일 수 있다. 그럼 대안으로는 외출 후 깨끗이 씻기는 걸 택할 수 있을 것이다.

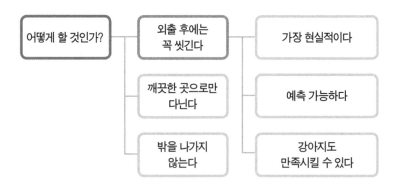

이렇게 로직트리를 활용하면 무엇이 문제인지부터 어떻게 해결할 것인지를 자연스럽게 생각해 볼 수 있다. 우리가 쉽게 하지 못했던 질문들을 하게 만들어 주기 때문이다.

KJ법: 수많은 정보를 논리에 맞게 정리하는 방법

KJ법은 정보가 수없이 많을 때 쉽게 정리할 수 있도록 도와주는 도구이다. 본래 카드를 사용하도록 고안된 KJ법은 4단계의 과정을 통해 수행된다.

KJ법 활용 글쓰기 4단계 프로세스맵

KJ법에는 수집한 정보들을 기입하고, 분류하고, 순서를 정하고 글로 연결하는 단계가 있다. 간단히 설명하자면, 정보들을 카드에 적고 유사한 것들끼리 묶어 분류하거나 순서를 정해 정리하는 방법이다. 이는 정보들을 시각적으로 볼 수 있고, 직접 배열할 수 있어서 작업이 아니라 '놀이' 같다는 장점이 있다.

이때, 정보가 수백 개를 넘어가면 수백 장의 카드를 만들어야 하기 때문에 카드에 적기가 힘들어진다. 그럴 때는 디지털 KJ법을 사용하면 된다. 이는 엑셀 프로그램을 활용해서 셀을 카드처럼 활용하는 방법이다. 엑셀을 활용한 디지털 KJ법은 5부 5장에서 자세히 설명하겠다.

5W2H: 기본적인 논리 구성 도구

앞서 살펴본 로직트리나 KJ법 이외에도 논리를 구성하는 데 쓰이는 도구가 있다. 바로 5W2H다. 이는 우리가 잘 알고 있는 '육하원칙'을 반영한 도구다. 보통 내가 적은 글이나 보고서에 육하원칙이 모두 들어가 있는지를 점검할 때 사용하기 좋다. 또한 글을 쓰거나 보고서 작성 전에 자료 수집 계획을 세울 때도 유용하다. 이때, 5W2H는 기본적인 육하원칙에 '얼마나'라는 정도를 더한 것이다. 자세한 사용방법은 5부 2장에서 보고서 작성을 위한 자료수집을 설명할 때 자세히 다루겠다.

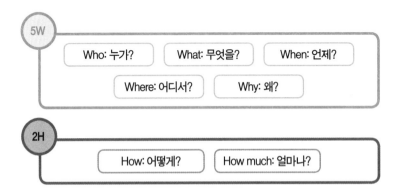

—
우리도 논리적인 사람이 될 수 있다!

로직트리, KJ법, 5W2H 등 논리를 구성해 주는 생각정리 도구들을 살펴봤다. 만약 지금까지 '난 논리적이지 않아', '난 글을 못 써' 같은 생각을 했다면, 이젠 그럴 필요가 없다. 앞서 소개한 생각정리 도구를 활용하면 기본 논리를 갖춘 글과 보고서를 쓸 수 있기 때문이다.

정보의 핵심을 보여 주는 도구

: 포지셔닝맵, 비교 매트릭스, 벤다이어그램, 새틀라이트형

"목록에서 어떤 항목이 눈에 잘 띈다면
사람들이 그것을 더욱 잘 기억할 것이다."
- 폰 레슈토르프

구성한 논리, 글로 옮길 땐 어떻게?

마인드맵으로 생각을 끄집어냈고, 로직트리로 논리를 구성했다. 이젠 글로 표현하는 것만이 남았다. 어떻게 하면 상대방이 이해하기 쉽게 전달할 수 있을까? 레오나르도 다빈치가 그림과 함께 메모했듯 우리도 그림을 활용할 순 없을까?

직장에서의 보고서는 상사나 상위 부서에 전달되는 문서이다. 보고서 한 장으로도 업무 수행능력이 평가될 수 있다. 때문에 글이 빽빽하다거나 글의 주제가 무엇인지 모를 보고서를 제출하면 안 된다. 더

군다나 우리의 상사들은 보고서를 한 글자 한 글자 꼼꼼히 읽어 볼 여유가 없다.

그런 상사에게 정보를 명확히 전달해 줄 방법이 있다. 포지셔닝맵, 비교 매트릭스, 벤다이어그램, 새틀라이트형 등 생각정리 도구를 사용하는 것이다. 이 도구들을 사용하게 되면 글로 길게 풀어 전달할 내용을 하나의 그림으로 명확히 전달할 수 있다.

포지셔닝맵, 비교 매트릭스: 대상들의 차이점을 보여 주는 도구

지금 당장 필요한 물품이 있다. 그런데 어느 업체의 제품을 사야 할지 결정하기 어렵다. 어떻게 비교해야 내게 딱 맞는 제품인지 알 수 있을까? 이럴 땐 포지셔닝맵과 비교 매트릭스를 사용해 보자. 먼저 포지셔닝맵은 두 가지 이상의 기준으로 대상들을 비교해 볼 수 있는 도구다. 일상에서는 물건을 구입할 때, 직장에서는 비품을 구매할 때 유용하게 쓸 수 있다.

앞서 얘기했던 물건을 비교해 본다고 해 보자. 제품을 고민할 때는 세로축을 성능으로, 가로축을 가격으로 두면 편하다. 이때, 원의 크기를 또 다른 기준으로 정하면 세 가지 기준을 동시에 비교할 수도 있다.

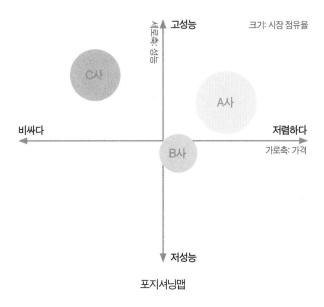

포지셔닝맵

이 그림을 보자. 만약 성능도 좋고, 가격이 좋은 제품을 원한다면 A사 제품이 가장 좋을 것이다. 그러나 성능만을 따지고 본다면 C사 제품이 가장 좋다. 이처럼 포지셔닝맵은 여러 대상들의 차이점을 육안으로 비교해 보고 싶을 때 유용하다. 이렇게 비교하게 되면, 하나씩 따로 보는 것보다 더 합리적인 선택을 할 가능성이 높아진다.

비교 매트릭스를 활용하는 방법도 있다. 포지셔닝맵의 내용들을 표로 정리하는 것이다. 첫 열에는 비교할 대상들을 놓고 첫 행에는 비교 기준들을 두면 된다. 이때, 기준에 부합하는 정도를 수치가 아닌 기호로 표시해 주면 직관적인 판단이 가능하다.

구분	가격	성능	시장 점유율	우선순위
A	●	◑	●	1
B	◑	○	○	3
C	○	●	◑	2

비교 매트릭스

벤다이어그램, 새틀라이트형: 여러 가지 요소들의 관계를 표현해 주는 도구

새로운 사업 아이템을 구상 중인데, 여러 가지 요소들을 모두 고려했다는 것을 강조하고 싶다. 그럴 땐 어떻게 하는 것이 좋을까? 혹시 벤다이어그램이나 새틀라이트형을 들어 본 적 있는가? 이 도구들은 여러 요소들이 함께 고려되었다는 내용을 전달하기에 좋다.

벤다이어그램(좌)과 새틀라이트형(우)

벤다이어그램과 새틀라이트형 모두 세 가지 요소를 표현할 수 있

다. 차이가 있다면 벤다이어그램은 세 가지 요소 중 공통적인 한 가지를 강조하는 형태인 데 반해, 새틀라이트형은 모두가 균형을 유지하는 형태이다.

예를 들어, 비용, 품질, 시간 세 가지 항목이 있다고 하자. 이 세 가지의 공통적인 특징은 문제해결을 위해 고려되어야 할 요소들이라는 것이다. 특히 문제해결을 위해서 이 세 가지 중 어느 한 가지라도 소홀해선 안 된다. 따라서 이를 새틀라이트형으로 표현하면, 세 요소들 모두 대등하게 고려되어야 한다는 의미로 표현할 수 있다.

생각정리 도구는 누구에게나 도움이 된다

생각정리 도구는 누구에게나 도움이 될 수 있다. 글 쓰는 것부터 인생의 목표를 세우는 것까지 적용 범위는 무궁무진하다. 게다가 누구나 쉽게 사용할 수 있다.

예를 들어, 취준생이나 인생에 매너리즘이 온 사람이라면 자기 자신을 파악하기 위한 '인생 마인드맵'이나 '인생 그래프', '경험 템플릿'을 사용하면 많은 도움이 된다. 직장인이라면 로직트리를 활용한 보고서 작성법이나 PPT 작성법이 유용할 것이다. 삶의 목표를 세우고 싶은 사람들에게는 '만다라트'라는 유용한 도구가 있다.

다음 장부터는 자신에게 필요한 생각정리 도구를 활용할 수 있도록 실전적인 방법들을 명시해 두었다. 따라서 본인에게 필요한 부분을 먼저 보는 것을 권유한다.

논리를 만드는 생각 정리 - 로직트리

1. 무엇이 문제인가

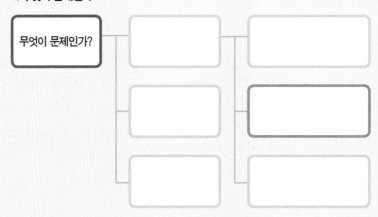

무엇이 문제인가?

2. 왜 문제인가

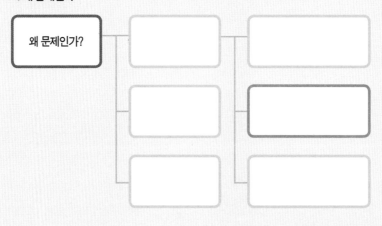

왜 문제인가?

3. 어떻게 할 것인가

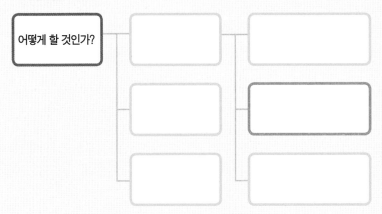

3부

생각설계 기초

: 나 자신을 알라

생각설계에 필요한
세 가지 마인드셋

> "현재 있는 곳에서 시작하라.
> 떨어진 곳이 더 풍요롭게 보일지는 모르지만
> 기회는 항상 당신이 서 있는 바로 그곳에 있다."
> - 코버드 콜리어

생각설계 한번 해 보려는데, 뭐부터 시작해야 할까?

최근 '나'에 대해 알고 싶어 하는 사람들이 늘고 있다. 특히, 힘겹게 취업에 성공했음에도 이직이나 퇴직을 생각하는 직장인이 증가하는 추세다. 취업포털 〈커리어〉에서 약 천 명의 직장인을 대상으로 '학창시절을 후회하는가'에 대해 조사했는데, '후회한다'는 응답이 무려 84%나 되었다. 그 이유로는 진로 설계를 제대로 하지 않은 것이 43%로 가장 높았다.

설문 결과는 취업할 때까지 '내'가 아닌 '남'이 하라는 대로 살고 있었던 건 아니었는지 돌아보게 만든다. 남이 가라고 하는 대학교에 입학하고, 남이 우러러보는 대기업에 들어간다. 그런 상태로 일을 하게 되면, 재미도 없고, 의욕은 떨어질 뿐이다. 생동감이 느껴져야 하는데 매일이 똑같은 감옥이 되어 버리는 것이다.

쳇바퀴 같은 삶에서 빠져나오기 위해서는 스스로를 파악해야 한다. 남이 좋아하는 것이 아닌 내가 좋아하는 것을 찾아야 한다는 말이다. 그럼 목표는 자연스레 따라올 것이고, 목표가 생기면 해야 할 일들이 보일 것이다.

| '나'는 누구인가? | 하고 싶은 건 뭘까? | 목표는? | 무엇부터 해야 할까? |

나를 파악하기 전에 우선 기본적으로 가져야 할 세 가지가 있다. 첫 번째는 고정관념을 버리는 것이고, 두 번째로는 일단 시작하자는 마음가짐을 가지는 것이다. 마지막으로 나를 알면 자신감이 생긴다는 믿음을 가져야 한다.

나를 파악하면서 가져야 할 것 1: 고정관념을 버리자!

생각에는 자동사고와 선택사고라는 두 가지 종류가 있다. 자동사고는 고정관념과 관련된다. 고정관념이란 한 현상을 두고 아무 의심 없이 당연하게 받아들이는 생각을 뜻한다. 이는 우리가 무엇을 원하는지 알아내는 것을 좋아하지 않게 만든다. 나를 파악하기 위해선 이러한 생각들을 버려야 한다. 그래야만 내가 진정 원하는 것이 무엇인지 찾아낼 수 있다.

내가 하고 싶은 것이 여행이라고 해 보자. '공부만이 살 길'이라는 고정관념이 뿌리깊이 박혀 있다면, 여행의 '여' 자도 생각하지 않으려 할 것이다. '일단 공부 먼저'라는 생각이 가득 차 있기 때문이다.

우리는 왜 공부를 했는가? 왜 대학을 갔는가? 왜 취직을 했는가? 누구는 부모님의 칭찬과 인정을 위해서, 또 다른 누군가는 사람들에게 부러움을 받고 싶었던 사람도 있을 것이다. 그러나 그렇게 꿈을 이루고 나면 마냥 행복할까? '이러려고 공부했나'라는 생각이 들진 않을까? 꼭 공부로 꿈을 이뤄야 한다는 고정관념에서 벗어나자. 공부는 꿈을 이루는 수단일 뿐 의무가 아니다.

자동사고 **자동적으로 생각하는 상태**		선택사고 **의식적으로 생각하는 상태**
예시 - 출근길은 언제나 막힌다 공부만이 살 길이다 영업은 스피치가 생명이다	⬌	예시 - 출근 시간을 옮겨 볼까? 다른 분야는 어떨까? 다른 방법은 없는가?

나를 파악하면서 가져야 할 것 2: 일단 시작하자

'관성의 법칙'이라는 것이 있다. 외부 힘이 없을 때 당시의 상태를 유지한다는 이론이다. 멈춰 있는 것은 멈춰 있으려 하고, 가고 있는 물체는 계속 가려고 하는 성질을 말한다.

이는 물체뿐만 아니라 우리에게도 적용된다. 생각은 잔뜩 하는데 막상 행동하지 않는 일이 있는가? 하려는 의지가 부족해서 그렇다. 이는 당연한 것이다. 현재의 상태를 유지하려는 것이 본능인데, 본능을 이기기란 결코 쉽지 않기 때문이다. 다행스럽게도 걱정할 필요는 없다. 우리에겐 '가속도의 법칙'이 있다.

가속도의 법칙은 정지해 있는 물체에 힘을 지속적으로 주면 세기에 비례해서 점점 더 빠르게 움직인다는 이론이다. 즉, 우리가 변화하기 위해 작은 일부터 꾸준히 하다 보면, 변화하려는 의지도 더 강해진다. 이에 더해 관성의 법칙 덕분에 시작하기만 해도 계속해서 변화하려는 성질이 생긴다. 모든 것이 일사천리로 이뤄진다는 것이다. 마치 도미노처럼!

고대 철학자 플라톤도 어떤 일이든 시작이 중요하다고 말했다. '천리 길도 한 걸음부터'라는 말이 있는 것처럼, 일단 시작하면 모든 것이 바뀐다는 증거는 많다.

그러나 시작하는 것에 두려움이 생기는 건 어쩔 수 없다. 두려움은 어디서 오는가? 두려움은 잘 모르기 때문에 생기는 것이다. 따라서 두려움을 이기기 위해서는 그 일이나 상황을 경험해 보면 된다. 직접 뛰어들어 볼 수도 있고, 책이나 사람을 통해 간접적으로 느껴볼 수도 있다. 어떤 방법으로든 일단 한번 시작해 보는 걸 권한다. 막상 해 보니 별게 아니라는 깨달음을 얻을 것이다.

나를 파악하면서 가져야 할 것 3: 나를 알자!

나를 파악하는 것은 중요하다. 내가 정말 원하는 일을 하기 위해 어떤 준비를 해야 하는지 방향을 잡을 수 있기 때문이다. 일석이조로 자신감 또한 향상될 수 있다. 실제로 필자의 친구 중에서 취업 준비 중 정말 하고 싶은 게 뭔지 모르겠다는 고민을 털어놓은 친구가 있었다. 지금껏 계속해서 공부해 왔지만 막상 취업하려니 정말 좋아하는 일이 맞는지 모르겠다는 것이다. 그러다 보니 의욕도 자존감도 떨어진다고 했다.

그에게 생각정리 도구인 '마인드맵'으로 '나를 파악하는 방법'을 소개해 줬다. 그런데 사소하게도 이 도구가 그에게 엄청난 결과를 가져다줬다. 하고 싶은 일을 찾게 되고, 좀 더 적극적으로 살아야겠다는 의지를 얻은 것이다. 실제로 그는 가고 싶은 기업에 찾아가서 현업에 종사하는 분들을 상대로 인터뷰까지 했다고 한다.

'마인드맵' 덕분에 무엇이 하고 싶은지 모르던 그가 해야 할 일들을 찾고, 작은 것부터 직접 해 보게 되었다. 결국 그는 세계적인 기업 S사에 입사하여 자신이 원하는 꿈을 펼쳐 가고 있다. 이처럼 '나를 파악하는 것'은 남다른 의지와 자신감을 갖게 도와준다.

성공의 법칙

'하인리히 법칙'이라고 아는가? 1건의 대형사고가 발생하기 전에는 29건의 작은 사고들이 있고, 그 전에는 300건의 이상징후가 있다는 법칙이다. 이는 비율적으로 1:29:300으로 표현된다.

이 법칙은 성공 공식에도 그대로 적용된다. 300가지의 작은 행동들이 모이면 29번의 작은 성공을 이룰 수 있고, 이는 1번의 대성공으로 이어진다. 지금부터라도 나를 파악하는 작은 행동부터 시작해 보는 건 어떨까?

2 나를 파악하는 '주춧돌' 쌓기

"경험을 현명하게 사용한다면,
어떠한 일도 시간 낭비가 아니다."
- 오귀스트 로댕

인생에서 가장 중요한 것은 나를 아는 것이다

생각을 설계하기 위한 마인드셋이 준비됐다면, 이젠 자신을 파악할 차례다. 내가 정말 좋아하는 건 뭔지, 하고 싶은 건 뭔지 알아내야 하는 것이다. 그래야만 앞으로 어떤 방향으로 준비하고 나아갈지 결정할 수 있다.

나를 파악할 때 쓸 수 있는 생각정리 도구로는 세 가지가 있다. 내가 무엇을 하고 싶은지 알게 해 주는 인생 마인드맵, 과거를 돌아보게 해 주는 인생 그래프, 내가 가진 능력을 정리해 볼 수 있는 경험 템플릿이 그들이다.

나를 파악하는 첫 번째 방법: 인생 마인드맵으로 '나' 생각하기

내비게이션은 목적지까지 갈 수 있는 다양한 경로를 보여 준다. 우리 인생에도 우리만의 내비게이션이 필요하다. 인생길을 남이 찍어 준 경로로 택한다면, 힘들게 이룬 취업임에도 이직과 퇴직을 고민하게 되기 때문이다. 필자도 일을 하면서 들었던 생각이 있다.

'내가 이 일을 계속 한다면 10년 후에도,
20년 후에도 행복할까?'

정말 그 일을 계속했을 때 우리가 행복할 것 같은 일을 찾아야 한다. 아무리 힘들어도 보람을 느끼고, 재미있는 그런 일 말이다. '가고 싶은 회사'가 아니라 '하고 싶은 일'은 나를 파악하는 인생 마인드맵으로 찾을 수 있다. 방법은 간단하다.

① 종이와 펜을 준비한다.
② 핵심 주제로 이름 세 글자를 적는다.
③ 주 가지에 '취미', '직업', '목표' 등 넓은 범주의 키워드들을 적는다.

④ 위 키워드를 생각했을 때 떠오르는 모든 것들을 부가지에 이어서 적는다.

⑤ 가만히 쳐다보며 생각해 보자. 나는 어떤 사람이고, 무엇을 좋아하는지.

별일 아닌 것 같지만, 인생 마인드맵이 주는 효과는 강력하다. 내가 몰랐던 나의 모습을 찾기도 하고, 포기했던 꿈을 다시 떠올리면서 설렘을 느낄 수 있다. 더 나아가 구체적으로 뭐부터 해야 할지를 생각하는 기회를 갖게 된다. '나는 지금까지 무엇을 위해 살았나?', '무엇이 되고 싶었는가?' 이런 질문들을 던지며 나에 대해 생각해 보자.

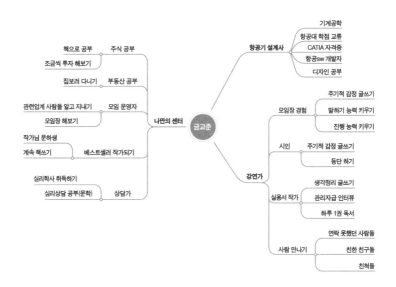

인생 마인드맵

이 그림은 필자의 인생 마인드맵이다. 요즘은 이처럼 어플로도 많이 구현되어 누구나 쉽게 그려 볼 수 있다. 종이와 펜을 준비하기 어렵다면 어플을 이용하는 것을 추천한다.

나를 파악하는 두 번째 방법: 인생 그래프로 과거 돌아보기

나를 파악하는 방법으로는 지나온 인생을 떠올리는 것도 있다. 내가 무슨 일들을 해 왔는지, 그래서 어떤 능력이 있는지 정리해 보는 것이다. 이럴 때 인생 그래프를 그려 보자. 인생 그래프란 그동안 해 온 일들에 대한 행복 정도를 점수로 매겨서 그래프로 그리는 걸 말한다. 이를 통해 내가 어떤 일들을 해 왔고, 어떤 일을 했을 때 행복했는지를 알 수 있다.

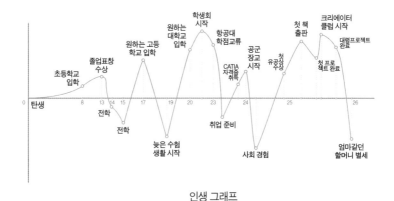

인생 그래프

필자의 인생 그래프이다. 세로축은 행복의 정도를, 가로축은 시간으로 설정해 선을 그리고, 사건마다 점을 찍어 점끼리 이어 주면 된다. 자세하면 자세할수록 '나'에 대해 더 잘 파악할 수 있다. 대외활동이나 자격증, 동아리 활동, 취미까지 사소한 것도 적어 주는 게 좋다.

이때, 만들어 둔 '인생 마인드맵'을 참고해도 좋다. 인생 마인드맵에 기록한 경험들의 시기와 행복도만 고려해서 그리면 되기 때문이다. 인생 그래프를 그리면 사건별로 행복 정도를 생각하게 되어서 무엇을 좋아하는지 알 수 있다.

나를 파악하는 세 번째 방법: 경험 템플릿으로 정리하기

나를 파악하는 세 번째 도구로는 '경험 템플릿'이 있다. 경험 템플릿은 특정 주제들을 정해서 경험을 기입하면 된다. 목표를 계획하고 이뤄 본 일, 끈기 있게 해낸 일 등을 말한다. 취업준비생이라면 기업의 자기소개 문항이나 인재상을 기준으로 정리하면 좋다. 기업에서 원하는 자기소개 문항들은 무슨 일을 하든지 어필할 필요가 있는 항목들이기 때문이다.

구분	목표 성취	창의적 문제해결	전문성
무엇을 했는가?	CATIA 국제자격증 취득	물품구매사업	타학교 학점교류

왜 했는가?	기계 설계의 실질적인 기술을 숙달하기 위해서	…	…
어떻게 했는가?	지원기업에서 실시하는 직업 역량 강화교육을 통한 CATIA 실전연습과 국제자격증 취득	…	…
느낀 점 배운 점	· 노력은 배신하지 않는다 · 설계 도구들은 기본적으로 유사하다	…	…

경험 템플릿 예시

생각 설계로 나를 파악하면 세상이 원하는 사람이 될 수 있다!

나를 파악하기 위해서 알아본 세 가지 도구는 연계되었을 때 더욱 강력한 효과를 발휘한다. 먼저 마인드맵으로 자신이 해 온 일들을 정리하고, 인생 그래프로 무엇을 좋아하는지 파악하자. 이어서 자기소개 문항들과 매칭되도록 경험 템플릿을 만들자. 그럼 각각의 도구만을 사용했을 때보다 더욱 명확하게 자신을 파악할 수 있다.

나를 파악하는 생각설계 프로세스

시작하기 전부터 하는 일이 너무 많다고 생각할 수도 있다. 그러나 집도 주춧돌을 먼저 세워야 오래도록 튼튼한 집이 만들어진다. 자신을 파악하고 정리하면서 스스로에 대한 정보가 많아질수록 그만큼 튼튼한 '나'를 세울 수 있다.

직장이라면 자기 생각이 확실히 잡혀 있는 사람을 찾는다. 자기 의사가 분명하고 일의 최종 목표와도 잘 맞는다면, 강단 있게 일을 해 나갈 수 있기 때문이다. '나는 강단이 없는데', '나는 생각이 분명하지 않은데'라고 여기고 있다면 초점을 조금만 바꿔 보자. 우리는 스스로가 무엇을 좋아하는지 알아봤고, 무엇을 하고 싶은지 찾아냈다. 적어도 자기 자신에 대한 생각 하나는 확실한 사람이라는 말이다.

3 목표를 계획하는 생각설계로 인생의 '추월차선' 만들기

"꿈과 목표를 종이 위에 기록하는 것,
그것이 원하는 사람이 되기 위한 방법이다."
- 마크 빅터 한센

**고통 받는 경쟁 속에서도 목표를 가지면 자신감이 생기고,
스트레스를 줄일 수 있다**

지금은 무한경쟁 시대다. 경쟁하기 싫다고 뛰어들지 않으면 뒤처지게 된다. 사회가 우리를 도태시키기 때문이다. 우리는 이토록 각박하고 고통스러운 경쟁의 소용돌이를 직격으로 맞고 있다. 안타깝게도 '경쟁'은 그 자체로 스트레스가 되어 목표를 잃고, 자존감마저 떨어뜨린다. 그렇다면 이런 경쟁시대에서 행복을 찾으려면 어떻게 해야 할까?

성공한 사람들은 행복을 찾으려면 '목표를 설정하라'고 말한다. 심

리학적 의미로 목표란, 무언가 행동함으로써 이루려는 최후의 대상이다. 현실과 미래의 차이를 스스로 그려 보는 것이라고도 설명할 수 있다. 고등학생이 대학생이 되고 싶다고 한다면 그때의 목표는 '대학생'이다. 학생들을 가르치고 싶다고 한다면? '선생님'이 목표가 될 수 있다.

그럼 대체 목표가 주는 주된 장점은 무엇일까? 바로 '변화'이다. 목표가 생기면 이루고자 하는 의지가 자연스레 생긴다. 의지가 생기면 자연스럽게 다음 일을 찾아서 하게 된다. 그렇게 하나하나 소목표들을 달성하다 보면 자존감이 향상된다. 따라서 스트레스투성이인 현대 사회에서 목표를 갖는다는 건, 살아갈 이유를 찾는 것이기도 하다.

로버트 그린은 《인간 본성의 법칙》에서 무언가 행동하는 것을 상상하는 동안, 우리의 뇌에서는 실제로 행동하는 것과 거의 동일한 전기적, 화학적 활동이 일어난다고 전한다. 목표를 이뤘다고 상상만 해도 실제로 그렇게 된 것처럼 인식한다는 것이다. 즉, 생각하는 것만으로도 행복해질 수 있다.

목표를 이루지 못하는 이유를 알면, 목표를 이뤄 낼 수 있다

목표 달성의 방해 요인을 파악하고 이를 해결하면 충분히 목표를 이룰 수 있다. 그러나 우리는 이 사실을 알면서도 도중에 포기해 버린다. 그 이유가 뭘까? 여기서는 목표 달성을 어렵게 만드는 세 가지 원인을 알아보고 극복하는 방법을 알아보려 한다. 이들을 극복한다면 전보다 쉽게 목표를 이뤄 낼 수 있다.

1. 모호한 계획이 우리를 함정에 빠뜨린다

"올해는 살을 뺄 거야!"
"일주일에 세 번 이상 달리기를 해서 한 달 안에 3kg를 뺄 거야!"

우리가 흔히 세우는 목표들인데, 이 둘의 차이는 무엇일까? 바로 모호함과 명확함이다. 첫 번째 목표는 언제까지, 얼마나 할 건지 구체적인 내용을 알 수 없다. 반면에 두 번째 목표는 살을 빼기 위해서 무엇을 어떻게 할 건지, 언제까지 얼마나 뺄 건지가 명확하다.

〈영국 건강심리학 저널〉은 연구를 통해 운동 계획과 성취결과에 대한 관계를 밝혀냈다. 먼저 운동 계획에 차이를 주기 위해 피실험자들을 총 세 그룹으로 나누었다.

① 2주간 운동하고 기록하라는 모호한 목표를 세우도록 지령받은 그룹
② 모호한 목표를 세우라는 지령 + 운동의 효과성을 보여 주는 자료를 제공받은 그룹

③ '언제, 어디서, 얼마나' 등 구체적인 목표를 세우라는 지령 + 운동의 효과성을 보여 주는 자료를 제공받은 그룹

이 연구의 결과는 어땠을까? 첫 번째와 두 번째 그룹은 실천율이 38%, 35%로 비슷하게 나왔다. 그러나 세 번째 그룹은 무려 91%의 실천율을 보였다. 즉, 구체적이고 명확한 목표가 실천율을 극대화한 것이다.

모호한 목표로는 당장 뭘 해야 할지 찾는 것을 미루다가 시작조차 안 하게 된다. 반면에 명확한 목표는 따로 생각할 필요 없이, 계획한 대로만 움직이면 된다. 따라서 실제로 행동하게 되고, 목표를 이룰 확률이 높아진다.

2. 작은 성공을 온전히 느끼며 나아가야 한다

가끔 목표를 위한 계획을 세울 때, 내가 할 수 있는 것이 무엇인지 생각하지 않고 무작정 세우는 경우가 있다. 그 결과는 처참하다. 소크라테스는 '너 자신을 알라'라고 했다. 내가 가진 것, 할 수 있는 것, 내 위치를 아는 것이 중요하다. 그래야만 다음엔 어떤 일을 할 수 있을지

계획하고 해낼 수 있다. 계단을 오르는데 무턱대고 제일 위의 칸에 오르라고 하면 할 수 있을까? 당연히 힘들 것이다.

27번의 도전을 하고, 24번의 실패를 경험한 사람이 있다. 바로 '야나두'의 김민철 대표다. 그는 〈세상을 바꾸는 시간, 15분〉에서 성공 비결로 '작은 성공'의 경험을 강조했다. 큰 성공을 하기 위해 중간중간 작은 성공들을 축하해야 한다는 것이다. 그는 그것이 끝까지 밀고 나갈 힘을 준다고 말했다.

작은 성공을 무시하고 최종 목표만을 바라보고 나아가는 것은 한 번에 열 칸의 계단을 오르려고 하는 것과 같다. 이는 에너지만 낭비하게 만든다. 대부분의 실패는 이러한 낭비의 고비를 넘기지 못해서 오는 것이다. '포기', '좌절', '중단' 같은 것들은 열 칸의 계단을 차근차근 오르듯 '작은 성공'을 기록하고 느낌으로써 이겨 낼 수 있다.

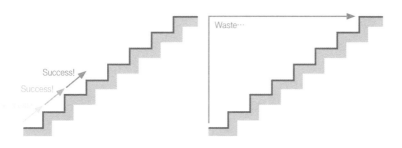

성공하는 사람들의 목표 계단(좌), 포기하는 사람들의 목표 계단(우)

3. 완벽해야 한다는 믿음은 우리를 좌절하게 만든다

목표를 이루지 못하는 마지막 이유는 완벽한 계획, 완벽한 성공을 꿈꾸기 때문이다. 우리는 모든 일을 완벽하게 준비하느라 시작부터 힘을 다 쏟아 버린다. 그러다 보니 스트레스만 계속해서 쌓인다.

생각해 보자. 지금까지 학교를 다니고, 시험을 치고, 직장을 다니면서 많은 실수를 하지 않았는가? 그럼에도 지금 잘 살고 있지 않은가? 그동안 우리는 겨우 2% 부족했을 뿐이다. 하지만 그때보다 더 성장했고, 더 성숙해졌다. 꼭 100% 완벽해야만 성장하는 것은 아니다.

학창시절 시험 성적과 등수만 봐도 그렇다. 그렇게 완벽해 보이는 1등도 전체 과목 평균이 99.8, 99.6점인 경우가 많다. 그들조차도 100점을 계속 받기는 힘든 것이다. 그래도 잘한다고 인정받는다. 즉, 목표가 100점이라고 해서 무조건 100점일 필요는 없다. 95점, 90점만 되더라도 충분히 성장하고 인정받을 수 있기 때문이다.

목표달성을 위한 생각정리 도구: 만다라트

목표를 이루기 위해서 우리는 '만다라트'라는 생각정리 도구를 사용할 수 있다.

경청	질문식 교육	아내	CMMI 자격증	리더십 자격증	기계 공학	크클 (다양성)	만남 (멘토)	독서
엄함	자상한 아빠	사랑	항공 지식	항공기 설계사	CATIA 자격증	여행 (시야)	작가	필사
존중	솔선 수범	자녀 딸-아들	KAI 인터뷰	↑	SW 실무	플랫폼 글읽기	감성적 글쓰기	실용적 글쓰기
여행	작가	사회 경험	자상한 아빠	항공기 설계사	작가	독서	책 출간	TED 시청
자본	센터 운영	←	센터 운영	금교준	강연가	→	강연가	스피치 학원
카페 경험	서점 운영	상담 경험	자본가	상담가	편한 사람	인맥 쌓기	동기 부여	강의 준비
대출 상환	저축	경제 공부	심리 대학원	↓	상담 공부	공감 연습	감성	말하기 연습
사회 환원	자본가	주식 공부	심리 자격증	상담가	인지 행동	이해 연습	편한 사람	경청 연습
인맥	건물주	부동산 공부	브런치 심리글	심리 학사	슈퍼 비전	사랑	배려 연습	주기적 연락

목표달성 만다라트

만다라트는 총 81칸의 사각형이 모여 있는 형태다. 이를 활용하면 목표를 위해 어떤 일을 해야 하는지 한눈에 볼 수 있다. 또 우리는 비어 있는 공간을 채우고 싶은 심리가 있어서, 본능적으로 빈칸을 채우려 한다. 그러다 보면 더 깊이 생각하게 되고, 그 과정에서 목표가 자연스 럽게 구체화된다. 목표달성 만다라트를 만드는 방법은 다음과 같다.

① 중앙에 자신의 이름을 적는다.

② 시계방향으로 되고 싶거나, 이루고 싶은 일을 대목표로 적는다.

③ 이름 모서리에 적은 대목표들을 가장 바깥의 3×3 상자 중앙에 적는다.

④ 대목표를 이루기 위한 소목표들을 시계방향으로 적는다.

⑤ 하고 있는 활동은 배경을 연한 색으로 칠하고, 이뤄 낸 것들은 진한 색으로 칠한다.

완성된 만다라트는 공부하는 책상이나 눈에 잘 띄는 곳에 붙여두면 좋다. 잊을 만하다 싶을 때 쳐다보면 다시금 동기부여가 되기 때문이다. 특히, ⑤번만큼은 일정한 주기를 정하고 실천하기를 권유한다. 하나씩 채워지는 모습을 보면, 그냥 보는 것보다 배로 동기부여가 되기 때문이다.

이번 기회에 만다라트를 만들었다면, 이미 작은 성공 하나를 이뤄 낸 것이니 간단히 자축한 후에 다음으로 넘어가 보자.

───
스트레스를 줄여 주는 생각정리 도구: 긍정루틴 매트릭스

스트레스 요소들은 곳곳에 있다. 직장에서는 상사나 후배가 나의 일을 가로채는 상황에서 스트레스를 받는다. 반대로 나에게 일을 떠미는 사람을 봐도 스트레스가 솟구친다. 문제는 이러한 스트레스 때

문에 난데없이 우울해지고 과도한 불안감으로 휴식을 즐기지 못한다는 것이다. 직장인이라면 주말 내내 이런 생각 한 번쯤은 해 보았을 것이다.

'아! 그 일 어떻게 처리하지…?'
'다음 주까지 작성해야 하는 보고서가 있는데…
어떡하지?'

좋은 생각만 하기에도 시간이 부족한데 하필 이러한 걱정들은 떠올리기 싫어도 자꾸만 떠오른다. 심지어 걱정은 자존감까지 갉아먹는다. 때문에 예쁜 카페를 가도 즐겁지 않고, 영화를 봐도 집중이 안 된다. 이러한 문제는 심리학자 가이 윈치의 두 가지 원칙을 따르는 것으로 이를 쉽게 해결할 수 있다.[4]

① 일과 일상을 구분하는 시간과 장소를 정할 것
② 일 외적인 시간과 장소에서는 되도록 일 생각은 하지 않는 것

예를 들어 시간은 오후 8시, 장소는 집으로 정한다. 오후 8시 이후, 집에서 만큼은 일과 관련된 생각 자체를 하지 않는 것이다. 이렇게 장소와 시간을 정해 두면, 하지 않았을 때보다 스트레스가 덜해진다. 그

---

4   Guy Winch, 〈How to turn off work thoughts during your free time〉, TED 영상.

리고 이는 필자가 만든 '긍정 루틴 매트릭스'를 활용하면 더 쉽게 해낼 수 있다.

구분	일	일상
아침 루틴 (07:00 ~ 08:00)	다이어리(하루 다짐/목표)	
시간	08:30 ~ 20:00	20:00 ~ 07:00
장소	사무실	집

긍정 루틴 매트릭스(일 단위)

이 그림은 필자가 눈에 잘 띄는 곳에 붙여 놓은 긍정 루틴 매트릭스다. 아침 7시에는 다이어리에 간단한 하루 다짐을 적고, 그날 해야 할 일들을 적는다. 그리고 출근시간인 8시 반부터 넉넉잡아 저녁 8시까지는 일 생각에 몰입한다. 중요한 건 그다음이다. 저녁 8시부터 다음날 아침까지는 일 생각을 전혀 하지 않는 것이다. 이렇게 하면 의식적으로 생각의 때와 장소를 구분해서 일 생각을 차단하게 되고, 스트레스를 줄일 수 있다.

긍정 루틴 매트릭스는 주 단위로도 응용할 수 있다. 다음 그림처럼 먼저 일주일을 구분하고, 요일별로 세 가지 일을 적을 수 있도록 칸을 나눈다. 하루 동안 꼭 해야 할 일 세 가지를 정해서 칸마다 채워 넣는다. 이렇게 하면 하루하루 뭘 해야 할지 큰 틀이 잡힌다는 장점이 있다.

일	월	화	수	목	금	토
필사	일	일	일	일	일	모임
공부	독서	독서	독서	독서	독서	공부
글쓰기 (시)	운동	운동	글쓰기 (실용)	운동	글쓰기 (심리)	글쓰기 (에세이)

긍정 루틴 매트릭스(주 단위)

목표를 계획하기 위한 생각설계는 행복 치트키다

만다라트와 긍정 루틴 매트릭스를 연계하면 목표를 계획하고 실행하는 데 수월해진다. 예를 들어, 만다라트에 정리된 구체적인 목표 행동 중에서 가장 먼저 해야 할 일 몇 가지를 꼽아 보자. 그리고 주 단위 긍정 루틴 매트릭스의 행동할 요일에 맞춰 적어 보자. 적어도 그 일들은 하루하루 실천해 나가는 자신을 발견할 것이다.

목표 계획 생각설계 프로세스

살다 보면 미래에 무엇이 되고 싶은지, 뭘 하고 싶었는지 잊어버리는 경우가 많다. 지금 이대로도 좋은데 군이 뭘 더 해야 할지 모르겠다는 사람도 있다. 내가 하고 싶은 말은 무조건적으로 목표를 세우라고 강요하는 것이 아니다. 다만, 지긋지긋하고 우울한 현재보다 더 행복하고 즐거운 미래를 꿈꾸고 있다면 목표를 세우라고 권하고 싶다. 현재보다 더 행복한 미래를 위해 필요한 것이 목표이기 때문이다.

일, 일상 어디서나 인정받기 위해 필요한 세 가지 능력

"우리가 배워야만 할 수 있는 것들을 우리는 하면서 배운다.
예를 들어 우리는 건축을 함으로써 건축가가 되고,
리라를 연주하면서 리라연주자가 된다.
마찬가지로 우리는 의로운 행동을 하면서 의로운 사람이 되고,
온화한 행동을 하면서 온화한 사람이 되고,
용감한 일을 하면서 용감한 사람이 된다."
- 아리스토텔레스

인생에 유용한 세 가지 능력

인생을 살아가는 건 미지의 대양을 향해 출항하는 것과 같다. 정말 철저하게 준비해도 태풍을 만날지, 망망대해에서 길을 잃을지는 아무도 알 수 없다. 따라서 인생이라는 대양을 항해하기 위해 갖추면 좋을 능력 세 가지를 소개하려 한다. 이는 마이크로소프트, KAI, 만도, SK하이닉스 등 직장인 22명의 인터뷰를 토대로 정리한 것이다.

1. 명확하게 전달하는 능력

살다 보면 질문에 답변해야 하는 경우도 있고, 누군가를 설득해야 하는 일도 있다. 특히 직장에서는 대부분의 일들이 보고로 전해지기 때문에 정보 전달 능력이 중요하다.

전달한다는 것은 한마디로 내가 알고 있는 것을 상대방에게 이해시키는 것이다. 회사로 치면, 작성한 보고서를 상사에게 보고하는 것이 이에 해당된다. 이때부터 본격적으로 '논리'라는 것이 필요해진다. 앞서 소개한 '로직트리', '5W2H'와 같은 생각정리 도구를 기억하는가? 정보 전달 능력은 이 도구들을 사용하면 자연스레 향상된다. 자세한 활용 방법은 뒤에서 다뤄 보도록 하겠다.

2. 핵심을 파악하는 능력

일을 하다 보면 업무를 하나부터 열까지 책임져야 하는 상황이 생긴다. 이를 무리 없이 잘 끝내려면 핵심을 파악해야 한다. 핵심을 파악하기 위해서는 '목적'을 생각하는 습관을 가지면 좋다. 실제 현업에 종사하는 사람들의 말을 들어 봐도 백이면 백 '핵심=목적'이었다.

"3명의 팀원에게 똑같은 자료를 정리하도록 한 적이 있어요.
꽤 오래된 사람, 중간 정도의 사람, 갓 들어온 신입이었죠.

누가 가장 마음에 드는 자료를 만들었을까요?

놀랍게도 막내였어요. 나중에 물어보니,

'어떻게 하면 팀장님이 사용하시기에 좋을까?'를 고민했다네요.

그녀는 제가 이 일을 '왜' 시켰는지를 먼저 생각한 거죠."

광고업체 팀장님의 말이었다. 이처럼 상사가 내게 지시한 목적, 즉 '왜?'를 생각하는 건 같은 자료를 준비하더라도 전혀 다른 결과를 가져다준다. 아무리 처음 일을 시작한 신입사원이라도 말이다! 따라서 우리는 '왜'라는 목적을 생각하는 습관을 가져야 한다.

3. 효율적으로 일할 줄 아는 능력

직장생활을 하면서 저녁시간을 내 맘대로 보낼 수 없다면 어떨까? 일은 할 만한데 많아도 너무 많은 경우는 어떻게 해야 할까? 점심 전까지 보고해야 하는 일이 산더미고, 내일 있을 회의자료도 준비해야 한다면? 야근이 불가피한 오늘, 우리에게 필요한 건 바로 효율적으로 일하는 방법이다.

생각정리 도구를 활용하면 쏟아지는 일들을 통제할 수 있다. 프로세스맵으로 일의 흐름을 파악하고, 시간관리 매트릭스로 우선순위를 정하면 업무를 정리할 수 있다. 이어서 정리된 일을 체크리스트로 표시해서 하나하나 처리해 나가면 된다.

	긴급	비긴급
중요	1	3
비중요	2	4

2020.02.26.
1. 업무 보고서 작성 ☑
2. 일정 조정하기 ☐

프로세스맵　　　　　　시간관리 매트릭스　　　　　체크리스트

생각정리 도구는 종합적 사고력을 키워 준다

《머릿속이 뻥 뚫리는 생각디자인》의 이윤석 작가는 직장에서 인정받기 위해 필요한 능력으로 '종합적 사고력'을 꼽았다. 여기서 말하는 종합적 사고력은 수집한 정보들 간의 연관성을 찾기 위해 몰입하는 능력을 말한다. 이는 생각정리 도구를 사용하면 향상시킬 수 있다.

생각정리 도구를 활용해 수집한 정보들을 시각화하다 보면 자연스레 '몰입도'가 생긴다. 정보들 간의 특징과 내용을 깊이 생각해 보게 되기 때문이다. 또한, 정보를 시각화해 보면 연관관계가 자연스레 눈

에 들어온다. 종합적 사고력을 위한 사전 준비가 자동적으로 되는 것
이다. 결국, 생각정리 도구를 사용하면 명확하게 전달할 수 있고 핵심
을 파악하기 쉬워진다.

나를 파악하는 생각 정리

1. 인생 마인드맵

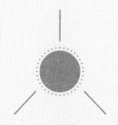

2. 인생 그래프

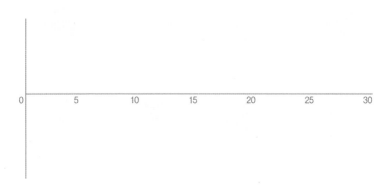

3. 경험 템플릿

구분	목표 성취	창의적 문제해결	전문성

4. 목표달성 만다라트

				↑				
		←				→		
				↓				

5. 긍정 루틴 매트릭스(일 단위)

구분	일	일상

6. 긍정 루틴 매트릭스(주 단위)

일	월	화	수	목	금	토

4부

생각설계 적용

: 지금 바로 실천해 보는 생각설계

적고, 나누고, 배열해서 일을 설계하자

"시간을 잘 관리한다는 것은
그가 신중하고 남들에게 공평한 사람이라는 것을
보여 주는 증거 중 하나이다."
- 장 자크 세르방 슈라이버

**시간을 관리할 줄 안다는 건
주위 사람의 고개를 '끄덕'이게 만드는 능력 어필 방법이다**

세상은 온갖 복잡한 것들로 가득하다. 특히 직장이라면 더 그렇다. 보고서만 해도 자료 수집부터 보고하는 것까지 어디서부터 해야 할지 막막하다. 대학 레포트는 인터넷 검색만으로 자료 수집이 충분했는데, 직장에선 턱도 없다. 공공기관이나 언론매체 등에서 검증된 자료를 구해야 한다.

그런데 직장 선배들은 이것을 쉽고 간단하게 처리해 낸다. 심지어 수많은 일을 한꺼번에 처리하는데도 여유로운 걸 보면, 시간을 이리저리 굴려 대는 것 같다. 대체 무슨 노하우가 있는 걸까?

프로세스맵: 일이 복잡해 보일 때, 적으면 일의 흐름을 볼 수 있다

처음으로 보고서를 작성하게 됐다. 뭐부터 시작해야 할지 몰라서 사수 선배에게 물어봤다.

> 나 : 선배님. 보고서 쓸 때 정보가 필요하다는 건 알겠는데, 뭐부터
>   시작해야 할지를 모르겠습니다.
> 사수: 그럴 땐 일단 종이 위에 해야 할 일들을 쭉 적어 봐. 그럼 하나
>   씩 보이기 시작할 거야.

자료 수집하기, 논리 구성하기, 보고서 작성하기,
자료 분석하기, 자료 요청하기 …

선배의 조언을 듣고는 반신반의하며 적어 봤다. 신기한 건 적기만 했는데도, 일의 순서가 대충 보이기 시작했다는 것이다. 일이라는 건 사실 우리가 두려워하는 것만큼 복잡하지 않다. 어차피 사람이 만들어 낸 것이기 때문이다. 따라서 적는 것만으로도 자연스럽게 대략적인 순서를 충분히 짐작할 수 있다. 그래도 모르겠다면 사수에게 한 번만 더

도움을 요청해 보자. 업무를 배우고자 하는 의지를 보여 준다면 기꺼이 알려 줄 것이다. 신입사원에게 있어서 바쁜 상사는 있어도 나쁜 상사는 없다.

뭘 해야 할지도 명확해졌고, 순서도 알아냈다면, 이를 그림으로 나타내 보자.

일반적인 보고서 작성 프로세스맵

보고서 작성을 위해서는 먼저 자료를 수집해야 한다. 자료를 분석해서 논리를 구성한 후에야 실질적인 보고서 작성이 이뤄지기 때문이다. 여기서 끝이 아니다. 보고서 작성이 끝나면, 팀장이나 사수에게 고칠 부분은 고칠 수 있도록 검토받는 것이 필요하다.

프로세스맵을 그려 두면 한 단계 더 세부적인 일들도 생각해 볼 수 있다. 어디서 자료를 수집할 것인지, 어떻게 분석할 것인지 떠올릴 여유가 생긴다. 앞으로는 일을 할 때 무작정 달려들지 말고, 프로세스맵으로 업무의 흐름을 먼저 생각해 보자. 이는 직장 동료와 상사에게 체계적으로 일한다는 이미지를 심어 줄 것이다.

시간관리 매트릭스: 시간을 나누면 하루가 25시간이 된다

직장생활을 하다 보면 언젠가 쳇바퀴 같다는 생각이 들기 마련이다. 적응도 됐겠다, 동료들도 가까워졌겠다 직장생활 권태기인 '직태기'가 오는 것이다.

그런데 똑같이 커피 마시며 농땡이 피운 것 같은데, 직태기는커녕 이룬 것이 더 많은 사람들이 꼭 있다. 그들을 질투하기 전에 우리가 직장에서의 시간들을 어떻게 채우고 있는지부터 생각해 보자.

혹시 커피 타임을 갖는 동안 누가 볼까 불안해하진 않는가? 간단한 일 몇 가지를 처리하고 찜찜함을 느끼면서도 마냥 쉬고 있진 않은가? 인정받는 사람들은 일할 땐 일하고, 놀 땐 논다. 어느 것이 더 중요하고, 더 도움이 될지 우선순위를 파악한다. 심지어 평상시에도 시간을 어떻게 하면 가치 있게 쓸 수 있을지 고민한다.

좋은 소식이 있다. '시간관리 매트릭스'를 사용하면 우리도 그들처럼 시간을 가치 있게 쓸 수 있다. 시간관리 매트릭스는 긴급/중요도 매트릭스라고도 불리는데, 해야 할 일들을 표에 맞춰 넣기만 하면 우선순위가 정해진다.

	긴급	비긴급
중요	1	3
비중요	2	4

시간관리 매트릭스

1. 오늘 내로 상사에게 보고해야 할 일
2. 이번 주 내로 끝내야 하지만 보고할 필요가 없는 일
3. 기한은 멀었지만 상사에게 보고해야 할 일
4. 기한도 멀고, 상사에게 보고할 필요도 없는 일

시간관리 매트릭스 기준 예시

긴급하고 중요한 일은 1순위, 긴급하지도 중요하지도 않은 일은 4순위로 일을 나눠 보자. 긴급도나 중요도를 나누기 힘들다면 위의 기준들을 참고하면 좋다. 이렇게 우선순위를 정하면 지금 당장 해야 할 일과 그럴 필요가 없는 일을 구분할 수 있다. 오늘 할 일을 모두 해냈다면, 이젠 커피 한잔을 마시더라도 중요한 일을 끝냈다는 생각에 여유를 느낄 수 있을 것이다. 한마디로, 더 이상 동료와 커피 한잔하는 것에 부담을 느낄 필요가 없다.

체크리스트: 일을 차곡차곡 처리한다는 이미지를 쌓을 수 있다

일 잘하는 선배들을 보고 있으면, 여러 일을 동시에 처리하면서도 마무리 또한 깔끔하다. 마치 멀티태스킹을 위해 태어난 것 같다. 그런데 나는 어찌저찌 여러 일을 신경 쓰고는 있는데, 산만하기만 하다. 어느 하나 제대로 끝내는 게 없는 것 같다. 대체 그들은 어떻게 여러 가지 일을 동시에, 그것도 체계적으로 처리하는 걸까? 사실 엄밀히 말하

자면 그들은 멀티태스킹을 하고 있는 게 아니다. 중요한 것부터 하나씩 몰입해서 처리하는 것이다.

《끝도 없는 일 깔끔하게 해치우기》의 저자 데이비드 앨런은 해야 할 일을 머릿속으로만 생각하다 보면 집중이 흐트러진다고 한다. 이 일을 하다가 저 일에 신경이 쏠리고, 다시 이 일이 떠올라서 이도저도 못하게 되는 것이다. 따라서 일을 효율적으로 처리하기 위해선 하나씩 몰입해야 한다. 이럴 때 활용하기 좋은 것이 바로 '체크리스트'다.

체크리스트는 '프로세스맵'이나 '시간관리 매트릭스'와 같이 사용하면 좋다. 우선순위가 매겨진 일들을 순번을 매겨 순서대로 정리한다 (①~④). 그 후, 각 항목별로 옆쪽에 체크할 수 있는 상자를 하나씩 만들어 주면 끝이다. 이는 'To Do 리스트'라고도 불리는데, 하나씩 해낼 때마다 상자에 체크 표시를 해 주면 된다. 퇴근할 때가 되면 얼마나 해냈는지를 눈으로 볼 수 있고, 그만큼 자존감도 올라가는 효과가 있다.

오전	오후	2020. 5. 22.	
○		1. 혁신 과제 분석하기 ②	☐
○		2. 실무 일정 조정하기 ①	☐
	○	3. 행정 업무 처리하기 ④	☐
	○	4. 요청받은 자료 정리/보내주기 ③	☐

체크리스트

체크리스트를 만들 때 한 가지 팁이 있다. 바로 오전/오후를 구분하는 것이다. 누구나 자신만의 최적의 집중 시간이 있는데, 이는 사람마다 다르다. 예를 들면 한 선배는 집중이 잘되는 오전에 복잡한 일을, 오후엔 잡다한 일을 처리한다고 했다. 이런 식으로 업무별로 집중할 시간을 정해서 체크리스트를 만들어 보자. 어느새 맡은 일을 착착 해내고 있는 당신을 볼 수 있을 것이다.

일을 설계해서 복잡한 일을 간단하게 만들자

《인간 본성의 법칙》의 저자 로버트 그린은 과제는 되도록 잘게 쪼개라고 조언한다. 프로젝트나 사업 계획 같은 일들은 한 번에 다루기엔 너무 부담스럽기 때문이다. 아무리 커다란 일들도 작은 일부터 하나씩 하다 보면 완료할 수 있다. 자동차만 보아도 그렇다. 작은 부품을 설계하는 것부터 가공하고 조립하는 것까지 차근차근 하다 보면 어느새 완성차가 된다.

이제부터는 프로세스맵으로 일을 쪼개고, 시간관리 매트릭스로 우선순위를 정하자. 그렇게 분리되고 순서가 나누어진 일들을 체크리스트에 정리해서 하나씩 처리하자. 그럼 아무리 복잡한 일이라도 충분히 해낼 수 있는 능력을 갖게 될 것이다.

일 생각설계 프로세스

2 파일 정리 · 이메일 · 메모를 통해 유능한 이미지를 만들자

"들으면, 잊는다.
보면, 기억한다.
행동하면, 이해한다."
- 공자

기본이 사람을 만든다

일하기 싫은 월요일 아침, 옆 부서 선배가 지난달 회의 자료를 요청했다. 그런데 반나절 동안 찾아도 자료가 보이지 않는다. 겨우 찾아내서 정성들여 이메일을 쓴 후 자료를 첨부해 보냈다. 빽빽하게 적은 메일을 보고 열심히 했다는 생각에 마음이 뿌듯해졌다. 30분 후, 선배에게서 온 전화를 받고는 부리나케 달려갈 준비를 한다. 왠지 모르게 그 선배는 잔뜩 화가 나 있었다.

이처럼 직장생활에서는 사소한 일로도 상대의 기분을 좌지우지할 수 있다. 파일 정리하는 법, 이메일 작성법 그리고 메모하는 것. 아주 기본적이지만 이들만 잘 알아 둔다면 기본을 갖춘 센스 있는 직장인이 될 수 있다.

파일을 정리하면 일처리가 빠른 사람이 된다

선배 입장에서 다시 생각해 보자. 후배에게 이전 회의록을 찾아 달라고 요청했다. 적어도 오전 중으로는 받아야 하는데, 점심시간이 다 되도록 답이 없다. 답답하지만 너무 열심인 것 같아서 뭐라 할 수가 없다. 결국 오후가 다 지나서야 이메일을 받았는데, 두서없는 글들로 빽빽하다. 갑자기 짜증이 솟구쳤다.

직장생활을 하다 보면 이런 상황은 꽤 자주 일어난다. 왜 그럴까? 바로 중구난방으로 흩어져 있는 수백 개의 파일 때문이다. 업무를 하다 보면 각종 자료나 파일들이 셀 수 없이 많아진다. 문제는 어느 하나도 버릴 수 없어서 삭제는 못하고, 쌓아 둔다는 사실이다. 시간이 지나 수백 개의 파일들이 쌓이면 결국, 정리를 포기하고 만다. 이럴 때일수록 파일을 정리해 두어야 한다. 나중에 필요한 사람이 있을 때 바로 찾아 넘겨주거나 갑자기 참고해야 할 일이 생길 수 있기 때문이다.

그럼 파일 정리는 어떻게 해야 할까? 크게는 업무 성격별로, 작게는 세부 업무별로 분류하고, 한 폴더에 유사한 자료들을 모아 두면 된다. 보통 폴더당 10개 내외의 파일을 모아 두는 것이 가장 좋다. 우리의 뇌는 한 번에 10가지의 정보까지만 인식할 수 있기 때문이다. 그 이상 넘어가면 너무 많은 정보가 홍수처럼 들어와서 생각의 효율성이 떨어지기 시작한다.

파일을 정리해 두면 필요할 때 바로바로 찾아 활용할 수 있다. 그렇게 되면 필요에 따라 자료를 빠르게 제공해 줄 수 있고, 일처리가 빠른 사람으로 인식될 것이다.

___

깔끔한 이메일은 명쾌한 사람으로 보이게 만들어 준다

회사에서 이메일은 나의 얼굴과도 같다. 직장 상사에게 요청받은 자료를 보낼 수도 있고, 협력사에 업무 협조를 요청할 수도 있다. 만약 이메일이 온갖 두서없는 말들로 가득하다면? 읽기도 싫고, 무슨 말을 하는 건지 답답한 느낌이 들 것이다. 어떻게 깔끔하게 쓸 수 있을까? 세 가지만 주의하면 된다. 바로 제목, 내용, 회신 시간이다.

1. 제목은 핵심을 간결하게 보여 줘야 한다

이메일을 받는 사람은 수많은 이메일들을 하나하나 들어가서 읽어 볼 여유가 없다. 제목만 봐도 어떤 내용인지 알 수 있어야 한다. 그럼 상대는 필요한 이메일을 선택적으로 열어 볼 수 있도록 배려받았다는 느낌을 받을 것이다. 또한, 예전에 받았던 이메일을 찾을 때도 편하다. 제목만 찾으면 되기 때문이다. 반면에, '요청하신 자료 보냅니다'라고 보낸다면? 시간이 지나 수신받았던 자료를 찾고 싶을 때 모든 이메일을 열어 봐야 하니 찾기 힘들어진다.

실제로 이메일의 제목을 신경 쓰지 않고 보내는 경우가 많다. 정중하게는 '요청하신 자료 보내드립니다'부터 'ㅇㅇ'처럼 별 생각 없이 보내기도 한다. 이런 제목의 이메일을 받게 되면 기분이 어떨까? 적어도 '음~ 훌륭한데?'란 생각은 들지 않을 것이다. 오히려 최악의 상황을 상상해야 할 수도 있다. 따라서 제목으로 자료의 핵심 내용을 소개해주는 게 필요하다.

2. 내용은 논리적이고 깔끔하게 보여야 한다

인터뷰 관련 내용 및 질문지 제공

ㅇㅇ님

바쁘신 와중에도 인터뷰 요청에 응해 주셔서 감사합니다.

이번 인터뷰는 생각과 일에 관해 실제 현업에 종사하시는 분들의 이야기를 듣고자 기획되었습니다. 질문들은 실제 업무를 할 때 필요한 부분과 갖춰야 할 역량, 실제 생각정리 도구를 활용하고 있는지 등에 대한 내용으로 구성되었습니다.

제시해 주신 O월 O일과 O월 O일 중 O월 O일에 만나는 것이 좋을 것 같습니다.

자세한 장소와 시간을 위해 추후에 연락드리도록 하겠습니다.

인터뷰 내용은 미래 독자님들을 위해 쓰일 것입니다.

OO님께도 분명 좋은 시간이 될 거라고 생각합니다.

감사합니다.

인터뷰 관련 내용 및 질문지 제공

OO님

바쁘신 와중에도 인터뷰 요청에 응해 주셔서 감사합니다.

인터뷰 내용에 관해 말씀드리겠습니다.

1. 목적: 생각과 일에 관련된 책을 위한 실제 업무 노하우 수집

2. 세부 내용: 실제 업무에 쓰이는 생각정리 도구와 일하는 데 필요한 능력

3. 일정

   1) O월 O일(선호), 상세 장소 및 시간 추후 조정

   2) O월 O일

   첨부: OO님 인터뷰 질문지

인터뷰 내용은 미래 독자님들을 위해 쓰일 것입니다.

OO님께도 분명 좋은 시간이 될 거라고 생각합니다.

감사합니다.

두 이메일 중 어느 것이 한눈에 잘 들어오는가? 단연코 후자일 것이다. 이처럼 잘 작성된 이메일은 어떤 내용을 말하고 싶은 건지, 요청하고 싶은 것이 무엇인지 명확하다. 따라서 이메일을 볼 때 많은 시간을 들이거나 무슨 내용인지 해독할 필요가 없다. 이메일은 이렇게 정보를 명확히 전달할 수 있도록 작성해야 한다.

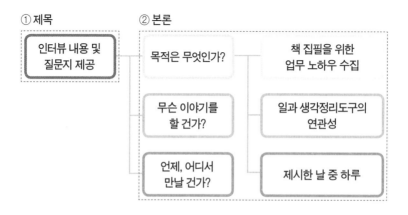

위 그림은 '로직트리'를 활용하여 이메일의 논리를 구성한 예시이다. 첫 번째 칸에 들어갈 이메일의 제목은 목적이 명확하게 드러나도록 작성한다. 그 후 본론에 들어갈 내용을 세 가지로 구분하여 적는다. 이 이메일의 경우엔, 목적과 내용 그리고 일정을 표시했다. 이렇게 로직트리를 활용하면 한눈에 보기 쉬운 이메일을 작성하기에 유용하다.

3. 회신은 되도록 빨리 해 줘야 한다

이메일은 회신 시간 또한 중요하다. 회신을 기다리는 상대방은 시간이 지날수록 애가 타기 때문이다. 간혹 즉시 회신을 할 수 없는 경우가 있다. 그럴 때는 자료를 준비하는 데 시간이 걸리는 이유와 예상 소요 시간을 솔직하게 알려 주면 된다. 그럼 상대방도 괜히 애타지 않고, 나 역시 성급하지 않게 일을 처리할 수 있다.

메모하는 습관은 믿음직한 사람으로 만들어 준다

기업의 팀장님, 부장님들의 이야기를 들어 보면 평상시 '메모'를 하는 팀원들에 대한 이미지가 좋았다. 그들은 백이면 백 메모를 적극적으로 활용하고 있었다. 메모가 이토록 많이 활용되는 이유는 뭘까?

메모는 주로 중요한 정보를 놓치지 않기 위해 활용되는 생각정리 도구다. 수첩과 펜만 있으면, 그때그때 오고 가는 말들이나 순간적인 정보들을 기록할 수 있기 때문이다. 특히 업무 지시를 받을 때, 그 내용을 메모해 두면 나중에 많은 도움이 된다.

메모가 중요한 이유는 또 있다. 정말 번뜩이는 아이디어나 문제의 실마리는 어느 순간 갑자기 떠오른다. 메모를 활용하면 그런 찰나의 생각들을 빠짐없이 기록할 수 있다. 더군다나 일을 빠짐없이 처리하겠다는 태도로 비치기 때문에 꼼꼼한 이미지까지 더해 준다.

성공한 사람들이 항상 하는 말이 있다.

"기본에 충실하라."
"기본이 중요하다."

심지어 공부의 신들도 기본의 중요성을 강조한다. 직장에서도 똑같다. 파일 정리, 이메일 작성, 메모 등 기본 업무야말로 제일 중요한 업무다.

앞으로는 파일을 정리해서 일처리가 빠른 사람이 되자. 이메일의 제목과 내용을 명확하게 쓰고, 명확한 답장을 보내 주자. 마지막으로, 사소한 일이라도 평소에 메모해 두는 습관을 만들자. 이렇게 기본 업무를 지키는 것만으로도 유능한 인재가 될 수 있다.

3 회의, 생각을 설계해서 명확하고 깔끔하게 끝내자

"생각하는 대로 살지 않으면,
사는 대로 생각하게 된다."
- 폴 발레리

'진행'을 위한 회의에서 '시간낭비'를 하고 있다

회사에서 가장 중요하면서도 동시에 시간낭비가 되는 일에는 무엇이 있을까? 바로 '회의'다. 회의는 의사결정이 필요할 때, 주요 진행 상황을 공유할 때 등 다양한 이슈로 열린다. 사무가구 전문 브랜드인 퍼시스에서 밀레니얼 직장인 226명을 대상으로 조사한 결과, 응답자의 68.6%가 주 1~3회의 회의를 참석한다고 답했다. 특히 주목할 만한 사실은 30.1%의 응답자가 결론 없이 끝나는 회의를 가장 피하고 싶다고 밝힌 것이다. 여기서 알 수 있는 문제는 회의시간에 '잡담'을 하는 경우가 많다는 사실이다. 실제로 정말 필요한 내용은 살펴보지 않고, 산으로 가는 경우가 허다하다.

회의 내용을 로직트리로 정리하고 기록하면 핵심만 논의할 수 있다

회의에서 정말 중요한 핵심만 다루려면 어떻게 해야 할까? 회의 전에는 목적과 본론 주제를 미리 정리하고, 회의 끝에는 결정된 사항들을 공유하면 된다. 이때, '로직트리'를 활용하면 쉽게 정리할 수 있다.

1. 회의 초반, 목적을 미리 제시하자

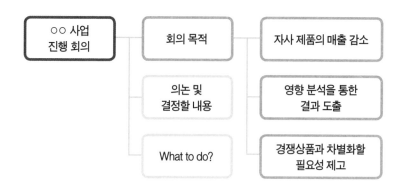

"최근 자사 제품의 매출 감소로
제품의 차별화 필요성이 증가되었습니다.

따라서 이번 회의에서는 이에 따른 몇 가지 사항들을
논의할 것입니다."

우선, 회의의 목적을 정리하는 것이 필요하다. 이 로직트리를 보면 회의를 소집하게 된 이유가 명확히 보인다. 정리해 둔 로직트리를 바탕으로 회의 초반에 목적을 제시하자. 참여자들은 무슨 내용을 논의할 것인지, 무엇을 생각해야 할지 방향을 잡을 수 있다.

2. 회의 본론, 논의되는 내용을 기록하자

"먼저 시장의 현 상황은 이렇습니다.
따라서 제품의 차별화 중점을 어디에 둘 것인지,
구체적인 방안은 무엇인지에 대해 논의해 보겠습니다."

회의 목적을 공유했다면 이젠 주요 방안에 대해 논의할 차례이다. 이때 참여자들에 의해 제시된 방안들은 철저히 기록되어야 한다. 서기를 한 명 지정하거나, 회의 진행자가 직접 기록하면 된다. 여기서 핵심은 제시된 방안들을 각 로직트리 항목의 세부 가지로 덧붙여서 기록하는 것이다. 그럼, 의논해야 할 사항마다 어떤 방안들이 제시되었는지 짝지어 확인할 수 있다.

3. 회의 마무리, 누가, 무엇을, 언제까지 할지 To Do를 명확히 하자

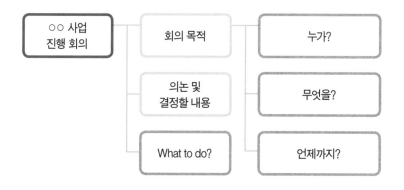

"이번 회의 결과, A 방법으로 진행하게 되었습니다.
A를 담당하게 된 ○대리는 △을 ○○까지 준비해 주세요.
다음 미팅은 ○○월 ○○일에 모이도록 하겠습니다."

회의에서 의논할 사항들을 모두 나눴다면 이제 다음 미팅 때까지

해야 할 일을 정해야 한다. 무턱대고 끝내 버리면 누가 무슨 일을 할지 확실하지 않아서 아무것도 안 하게 되는 불상사가 생긴다. 구체적으로 어떻게 할지 방법이 결정됐다면, 그 방법을 시행하기 위한 일들이 보일 것이다. 그럼 그 업무에 대해 누가, 언제까지 할 건지 담당과 기한을 정하자. 가능하다면 다음 회의 날짜까지도 미리 정해 두는 것이 좋다. 회의가 끝나면 각자의 일 때문에 일정 잡기가 힘들어지기 때문이다.

회의록을 통해 결과를 정리해 두자

회의가 끝났다고 안심하긴 이르다. 회의에서 나왔던 이야기들, 논의된 사항들을 정리하고 공유해야 한다. 에빙하우스의 망각곡선을 아는가? 시간이 흐르면서 기억하는 양이 얼마나 줄어드는지 보여 주는 그래프이다. 이에 따르면, 우리는 지금 알게 된 정보는 20분만 지나도 42%만큼을 기억하지 못한다고 한다. 수십 분, 많게는 수 시간 동안 진행되는 회의에서는 무려 절반 이상을 잊어버릴 수도 있는 것이다.

로직트리로 회의 내용을 기록했던 것을 회의록으로 정리해 두자. 노트에 적어도 되고, 파일로 만들어도 된다. 그리고 그 내용을 참여자들과 공유하자. 그럼 모두가 결과를 알 수 있고, 업무를 담당한 사람은 자신이 뭘 해야 할지 명확히 파악할 수 있다.

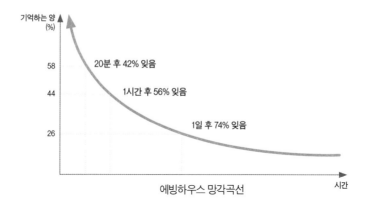

생각을 보여 주면 복잡한 생각들을 하나로 통합할 수 있다

회의 참여자들이 아무리 같은 목적을 갖고 있더라도, 생각하고 있는 세부 내용은 다를 수 있다. 특히, 전문기술 영역이라면 더하다. 그런 상황에서 복잡한 내용을 말로만 논의하면, 서로 합의가 되지 않는다. 그럴 땐 그려 가며 설명해 보자. 그럼 모두 같은 그림으로 상상하고 이해할 수 있다.

한번은 외부 업체와 협력하여 조직의 업무 프로세스 개선을 위한 회의를 하고 있었다. 개발 조직 특성상 전문적인 이야기가 계속해서 오갔다. 자연스레 회의장은 온갖 약어들과 전문 용어들로 가득했다. 문제는 모두가 A에 대한 이야기를 하고 있지만, 생각하는 내용이 모두 달라 합의가 되지 않는 것이었다. 그때, 한 팀원이 회의장 앞으로 나갔다. 그리고는 화이트보드에 무언가를 이리저리 그리기 시작하더니 이렇게 말했다.

"지금 우리가 얘기하고 있는 내용이 이게 맞죠?"

그 후의 상황은 어떻게 되었을까? 모두가 하나의 그림을 바라보며 공통된 결과를 찾아낼 수 있었다. 30분 동안 정리되지 않던 것이 5분 만에 정리된 것이다. 이제부터는 중구난방으로 회의가 진행될 때, 그림을 그려 가며 얘기해 보자.

회의 전에 정리하고, 회의 중에 기록하고, 회의 후에 공유하는 활동은 중요하다. 이를 통해 참여자들과 진행자 사이 눈높이가 맞춰질 수 있기 때문이다. 진행자는 참여자들에게 명확한 정보를 전달할 수 있어서 좋고, 참여자들은 뭘 해야 할지 확실해져서 좋다. 회의 시간을 알차게 보낼 수 있게 되는 것이다. 또한 회의 중에 그림을 그려 가며 논의하는 것도 알찬 회의에 힘을 더해 준다. 이제부턴 회의 때 '핵심'을 전달할 수 있도록 '로직트리'와 '그림'을 활용해 보자. 어느새 '회의의 달인'이 되어 있을 것이다.

모든 일은 사람으로 통하는 법! 인간관계에서 찾는 경쟁력의 비밀

"시간이 없다. 인생은 짧기에,
다투고 사과하고 가슴앓이하고 해명을 요구할 시간이 없다.
오직 사랑할 시간만이 있을 뿐이며
그것은 말하자면 한순간이다."
- 마크 트웨인

직장생활의 진가는 '인간관계'에서 나온다

10년 이상 직장생활을 하신 분들에 따르면, 직장생활에서 가장 중요한 건 '인간관계'라고 한다. 놀랍지 않은가? 직장에서 '일'이 아니라 '사람'이 더 중요하다는 것이다. 사실 따지고 보면 놀랄 것도 아니다. 일도 결국은 사람이 하는 것이기 때문이다. 자료를 수집하는 것도 사람이 하고, 보고나 프레젠테이션도 결국 사람이 한다. 회의도 사람이 모여서 하는 것이다. 프리랜서나 인플루언서라도 다르지 않다. 모든 일은 사람과 연관되어 있다. 그러므로 인간관계가 중요하다는 말이 결코 이상한 게 아니다. 그럼 건강한 인간관계를 쌓기 위해선 어떻게 해야 할까?

베테랑 직장인들이 인간관계를 위해 하나같이 강조하는 것이 있다. 바로 '소통하는 능력'과 '먼저 다가갈 줄 아는 능력'이다. 그들은 이것의 가장 기본으로 '인사'를 꼽았다.

"안녕하세요"

직장 동료에게 말 한마디 건네는 것보다 친한 친구에게 건네는 것이 훨씬 쉽다. 마음의 거리가 가까울수록, 다가가기도 쉬운 법이다. 따라서 소통을 잘하려면 우선 그 사람과 나의 마음의 거리를 좁혀야 한다. 그리고 마음의 거리를 좁히려면 밝은 이미지를 심어 줘야 한다. 그 방법은 무척 단순하다. 한 템포 먼저 밝게 인사하는 게 전부다.

"안녕하세요 :)"

웃음과 함께 인사 한마디 건네는 게 무슨 도움이 될까 하는 사람도 있을 것이다. 그러나 인사의 효과는 의외로 크다. 실제로 직장생활을 하다 보면 인사하지 않는 사람들이 대다수다. 바로 옆 부서인데도 이름조차 모르는 사람들도 있다. 본인 일을 하느라 다른 사람까지 신경 쓸 겨를이 없기 때문이다. 현실에서 미소를 곁들인 인사는 결코 흔하지 않다.

생각해 보자. 평소와 똑같은 오늘, 복도를 걷는데 처음 보는 사람이 웃으며 인사를 건넨다. 처음엔 '저런 사람이 있었나?' 싶을 것이다. 다음 날, 오늘도 어김없이 누군가 먼저 웃으며 인사를 건넨다. 어제 그 사람이다. 반가운 마음에 내 입가에도 미소가 지어졌다. 궁금해서 동료에게 물어보니 옆 부서 신입사원이란다. 다음 날도, 그다음 날도 그 사람은 먼저 웃으며 인사를 건넨다. 어느새 그 사람이라면 직장생활에 금방 적응하고 일도 잘할 것 같은 생각이 들 것이다.

─── 뭐든지 잘 해낼 것만 같은 '프로적극러'가 되자

사람들과 가까워지는 방법에는 밝은 인사 말고도 한 가지가 더 있다. '프로적극러'가 되는 것이다. 지금 다니는 직장에서도 그런 사람들이 보일 것이다. 일을 맡으면 적극적으로 질문하고 알아내려는 사람, 그러면서도 사무실에 웃음을 가져오는 사람, 그런 사람이 바로 프로적극러다. 프로적극러가 되려면 어떻게 해야 할까? 5&3 법칙을 기억하자. 업무를 받은 후 첫 5분을 사용해 다음 세 가지 단계를 거쳐 일을 설계하는 것이다. (4부 1장을 참고하면 좋다)

① 일의 결과를 생각한다. 업무의 흐름을 **프로세스맵**으로 그려 보는 것이다. 그리고 시작과 끝을 생각해 보자.

② 세부적인 일들의 순서를 파악한다. **프로세스맵**의 각 단계별로 직접 해야 할 것과 3자에게 도움받을 일을 구분한다. 이후 **시간관리 매트릭스**를 통해 일의 우선순위를 정하자.

③ 일의 과정을 정리한다. 프로세스맵과 시간관리 매트릭스를 통해 정리한 일들을 **체크리스트**로 옮겨 보자.

프로적극러들은 괴물 같은 추진력을 가진 것만 같다. 그들은 누군가에게 도움받을 일이 생기면, 지체 없이 가서 질문하고 알아낸다. 그러다 보니 다양한 사람과 친근하게 지낸다. 우리도 생각정리 도구로 일을 정리하고, 용기를 내서 선배와 동료들에게 다가가 보자. 그렇게만 한다면 누구든지 프로적극러가 될 수 있다.

사소한 행동으로 신뢰를 만들자

인간관계를 위해선 '신뢰를 쌓는 것'도 중요하다. 국어사전에서는 '신뢰'란 굳게 믿고 의지하는 것이라고 정의한다. 의지하는 것은 믿음이 전제되기 때문에 결론적으로 '믿음'을 쌓는 것이 중요하다. 그렇다면 믿음을 쌓기 위해선 어떻게 해야 할까?

마이크로소프트 김 대표님의 말을 빌리자면, 믿음은 사소한 약속을 지키는 태도에서부터 쌓이기 시작한다. 이는 말로만 들었을 땐 정말 간단한 것처럼 보인다. 필자도 사소한 약속들은 모두 지켜왔다고 생각했었다. 하지만 잘 생각해 보자. 과연 직장에서 모든 약속을 지켜왔을까?

> "그 자료는 제가 돌아가서 보내 드릴게요."
> "제가 나중에 정리해 드리겠습니다."
> "지금은 좀 바쁘니 10분 후에 전화드릴게요."

흔히들 하는 사소한 약속들이다. 그런데 이들은 정말 잘 지켜지는 것들인가? 말하고 나서 깜빡한 적은 없는가? 사소한 약속일수록 의외로 꽤 많은 성의와 노력이 필요하다. 한 번이라도 더 생각하고, 기억해야 하기 때문이다.

사소한 약속들을 지키려면 어떻게 하면 될까? 우리가 익히 잘 알고 있는 생각정리 도구인 '메모'를 활용하면 된다. 메모의 역할을 기억하는가? 번뜩이는 정보를 놓치지 않기 위해 찰나의 순간을 기록하는 도구다. 종이와 펜, 두 가지만 있으면 할 수 있다. 앞으로는 사소한 행동 하나하나 메모나 수첩에 적어 두자. 점심 직후든, 퇴근 직전이든 그 메모들을 정기적으로 확인하자. 내가 잊은 일은 없는지, 무슨 일이 남았는지 확인하고 지킴으로써 우리의 '신뢰'를 높이는 것이다.

하버드 대학교의 신경정신과 의사인 로버트 월딩어는 행복한 삶은 좋은 인간관계에서 온다고 말한다. 그는 75년간 724명을 대상으로 '성인 발달 연구'라는 삶을 추적하는 연구를 진행했다. 한번 생각해 보자. 무엇이 우리들을 행복하고 건강하게 만드는가? 다음은 이 연구에 대한 결과를 세 가지로 정리한 것이다.

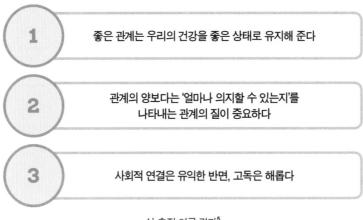

1	좋은 관계는 우리의 건강을 좋은 상태로 유지해 준다
2	관계의 양보다는 '얼마나 의지할 수 있는지'를 나타내는 관계의 질이 중요하다
3	사회적 연결은 유익한 반면, 고독은 해롭다

삶 추적 연구 결과[5]

우린 살면서 수많은 관계를 맺으며 살아간다. 특히 삶의 대부분을 보내는 직장에서는 말할 것도 없다. 이 연구 결과는 정말 의지할 수 있는 사람이 있으면 좋은 삶을 살게 된다는 것을 의미한다. 모든 사람과

---

5   Robert Waldinger, 〈Good Life is Good Relationship〉, TED 영상.

관계를 맺을 필요는 없지만, 주위 사람들과는 좋은 관계를 유지하려고 노력하자. 혼자 이겨 나가려는 삶은 외롭고 고통스럽기만 하다. 적어도 나와 같이 일하는 사람들, 가족들, 주변 친구들과 좋은 관계를 가진다면 어려움을 같이 이겨 나갈 수 있을 것이다.

5부

생각설계 레벨업

: 퍼스널 브랜딩으로 이어지는 생각설계

1 나만의 가치를 어필하는 생각설계 자소서

"성과를 내는 사람들의 공통점은 자신의 능력과 존재를
성과로 연결하는 데 필요한 습관을 갖추고 있다는 점이다."
- 지식의 거인, 피터 드러커

자기소개서는 어디서든 중요하다

대학교 입학부터 취업, 심지어 알바를 구할 때 꼭 해야 하는 게 있다. 바로 '자기소개서' 글쓰기다. 최근에는 퍼스널브랜딩에 관심이 높아지면서 자기 PR 글쓰기가 중요해지기도 했다. SK하이닉스, 삼성전자, 만도 등의 대기업과 수자원공사, 한국서부발전 등의 공기업에 합격한 11인을 대상으로 '취업 노하우'에 관한 인터뷰를 실시했다. 그 결과 취업 성공에 가장 중요한 요소로 자기소개서를 꼽았다.

그들은 공통적으로 자기소개서가 곧 '첫인상'이기 때문에 중요하다고 말한다. 한 예시로 소개팅을 생각해 보자. 소개팅에서도 가장 중요한 것이 첫인상이다. 우리는 0.1초만 봐도 상대가 맘에 드는지 안 드는지 결정할 수 있다. 첫인상이 좋다면 그 사람에 대해 궁금해지고, 더 알고 싶어진다. 따라서 처음 보일 자기소개서를 통해 내 가치가 크게 느껴지도록 하는 게 매우 중요하다.

자기소개서는 취업 컨설턴트들도 그 중요성을 강조하고 있다. 한 예로, 잡코리아의 안정영 컨설턴트는 지원 서류만으로 직무 역량을 보여 줘야 하기 때문에 자기소개서가 중요하다고 말했다. 특히 자기소개서로부터 면접 질문이 나오기 때문에 더욱 신경 써야 한다고 강조했다.

**두괄식으로 흥미있게, 논리적으로 짜임새 있게,
사례를 활용하여 확실하게 보여 주자**

취업을 예로 들어 보자. 인사담당자들에게 자기소개서란 끊임없이 밀려드는 쓰나미와 같다. 심지어 수백, 수천 개의 자소서가 모두 비슷한 내용들이라서 보다 보면 피곤해질 수밖에 없다. 따라서 그들의 눈길을 끌려면 구미를 당겨야 한다. 만나 보고 싶도록 궁금증을 유발시켜야 하는 것이다. 눈이 피로하지 않게 술술 읽히도록 해 줘야 한다. 구체적인 사례까지 더한다면 인사담당자들은 당신을 믿게 될 것이다. 이를 위한 세 가지 방법들을 구체적으로 살펴보면 다음과 같다.

1. 결론을 먼저 보여 주면 이유가 궁금해진다

면접관들은 시간이 많지 않아서 핵심만 보고 싶어 한다. 보통 좋은 글은 서론, 본론, 결론으로 짜임새 있게 구성되어 있고, 서론 부분에서 결론을 넌지시 말해 준다. 그럼 상대는 그 이유가 궁금해지기 시작한다. 흥미가 생기기 때문이다. 반대로 처음부터 구구절절 이유를 나열하면 '그래서 말하고 싶은 게 뭐지?'라는 생각이 든다. 그때부터 면접관들의 흥미는 점점 떨어진다.

결론을 먼저 말하고 뒤에 이유나 사례를 언급하는 글의 형식을 '두괄식' 구조라고 한다. 두괄식으로 글 쓰는 팁으로는 '소제목'을 활용하는 것이 있다. 핵심내용을 함축한 소제목을 본문 상단에 써 주면 된다. 소제목을 쓰게 되면 글이 정리된 것처럼 보인다는 이점도 있다.

2. 술술 읽히는 논리를 구성하자

술술 읽히는 글을 쓰려면 논리가 필요하다. 자기소개서도 예외란 없다. 논리 구성은 서론, 본론, 결론을 구분 짓는 것에서부터 시작한다. 서론에서는 결론을 요약해서 전하고, 본론에서는 이를 뒷받침하는 주장이나 근거를 담으면 된다. 마지막으로 무슨 활동을 통해 어떤 성과가 있었는지 정리해서 결론지으면 깔끔하게 마무리할 수 있다. 이러한 논리는 로직트리를 사용하면 쉽게 구성할 수 있다.

예시를 들어 보자. S 사에 합격한 학생회장 출신 지원자의 자기소개서를 분석해 봤다. 목표 설정과 이를 이룬 경험을 묻는 질문에 그의 답변은 어떻게 구성되어 있을까?

① 서론(결론 요약)

목표 성취 경험

무엇을 했는가?
- 주점 운영 시 기존 프로세스 개선
- 운영 결과 적자 → 흑자 전환
- 향후 추가 복지사업의 질 향상

② 본론

왜 했는가?
- 서비스 중심의 주점 운영으로 심각한 수준의 적자
- 다음 사업 시 부정적인 영향
- 부실한 복지 → 늘어가는 반발

③ 결론

주점 운영, 어떻게 했는가?
- 3개년 기록분석을 통한 예산안 작성
- 솔선수범하는 태도
- 서비스 수량 기록 및 제한

그의 자기소개서를 보면 무엇을, 왜, 어떻게 해냈는지가 명확하다. 먼저 서론에서는 어떤 목표를 세웠는지 간단히 설명한다. 본론에서는 목표를 설정한 이유와 이뤄 낸 방법을 구체적으로 설명한다. 마지막 결론에서는 그렇게 해서 얻어 낸 최종 성과를 이야기한다.

또, 그의 글은 전반적으로 술술 읽힌다. 문장들이 하나같이 짧고 간결하면서도 핵심이 명확하기 때문이다. 게다가 불필요한 조사나 접속사가 없었다.

앞으로는 글을 쓰기 전에 로직트리로 ① 무엇을 했는지, ② 왜 했는지, ③ 어떻게 했는지를 먼저 정리해 보자. 이후 논리 순서에 맞춰 짧고 간결하게 적어 주기만 하면 논리적으로 술술 읽히는 글을 쓸 수 있다.

3. 나를 파악하는 생각 설계를 거치면 믿음을 주는 자소서를 쓸 수 있다

처음 보는 사람이 별 부연 설명도 없이 "저는 협동을 중시합니다."라고 말한다면 믿을 수 있겠는가? 아니다. 친구를 사귈 때도 많은 시간을 들여 가면서 천천히 알아 간다. 그렇게 10년이 지나도 그를 100% 알기란 힘들다. 그런데 자기소개서는 한순간에 나를 보여 주어야 한다.

나를 파악하는 생각설계를 기억하는가? 그때 만들어 뒀던 경험 템플릿은 인생 그래프와 인생 마인드맵을 통해 찾은 '나의 경험들'이 정리된 것이다. 따라서 경험 템플릿의 내용을 바탕으로 논리를 구성하면 '나'를 한순간에 명확히 표현할 수 있다. 이렇게 작성된 자기소개서로 '나'를 보여 준다면 인사담당자들은 믿음을 갖게 될 것이다.

자기소개서를 위한 생각설계 프로세스

실전 Tip!

자기소개서 쉽고 단순하게 쓰는 방법

1) 질문에 맞는 경험과 생각을 의식의 흐름대로 적는다. **(또는 경험 템플릿 준비)**

2) 이를 바탕으로 형식에 구애받지 않고 **글로 풀어 적는다.**

3) 적어본 글에서 **핵심이 되는 단어나 문장**을 골라낸다.

4) 서론 1개, 본론 2~3개(이유), 결론 1개로 나눠서 **핵심 단어와 문장을 배치**한다.

　　(로직트리 활용)

5) 핵심 단어나 문장에 **살을 붙여 글을 완성**한다.

6) 글의 전반적인 결론을 담은 **'소제목'을 만들어 가장 위에 적는다.**

자기소개서는 '나'를 소개하는 글이다

취업 컨설턴트와 인사담당자들이 공통적으로 하는 말이 있다.

"회사를 소개하지 말고 당신을 보여 주세요."

불합격의 쓴맛을 본 자기소개서를 보면 '자신'보다는 '회사'에 대한 내용이 많다. '회사는 이러이러하다, 그리고 나는 이러이러하다, 그래서 회사에 맞다'라는 순서로 적은 것이다. 이는 '회사소개서'라는 느낌만 강하게 줄 뿐이다. 여기서 순서만 바꿔 주더라도 글의 주도권을 가져올 수 있다. 내가 어떤 사람인지를 먼저 보여 주고, 그렇기 때문에 이 회사에 필요한 사람이라고 주장하는 것이다.

이는 자기소개서뿐만 아니라, 대중에게 소개되는 프로필을 쓸 때도 마찬가지다. 자신에게 있는 '무언가'가 그들에게 필요한 것이라는 초점으로 표현해야 한다. 그럼 진정한 나를 소개하는 자기소개서를 쓸 수 있다.

2 나의 경쟁력을 높이는 생각설계 보고서

"많은 인생의 실패자들은 포기할 때
자신이 성공에서 얼마나 가까이 있었는지 모른다."
- 토마스 에디슨

생각설계를 통한 보고서 작성법

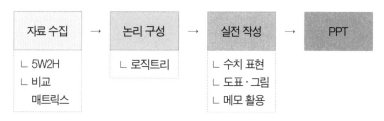

보고서를 위한 생각설계 프로세스

대부분의 일은 보고서로 시작하고 보고서로 끝난다. 사무실에서 이뤄지는 일의 80%는 보고서라고 생각하면 된다. 그만큼 보고서를 잘 쓰는 건 중요하다.

보고서는 크게 자료 수집, 논리 구성, 실전 작성까지 세 가지 단계가 있다. 규모가 큰 사업장이라면 직원, 임원들을 대상으로 PPT 발표까지 진행하기도 한다. 여기서는 생각정리 도구를 연계한 보고서 작성법을 살펴볼 것이다.

자료 수집: 5W2H와 비교 매트릭스를 활용하면 수집한 자료의 질이 올라간다

보고서를 만들기 위해서는 글을 쓸 재료가 필요하다. 즉, 필요한 자료를 수집해야 한다. 수집할 자료들은 사용 목적에 따라 분야나 범위가 달라질 수 있다. 그렇다면 정확한 자료 수집을 위해선 어떻게 해야 할까?

자료 수집에도 단계가 있다. 우선 자료를 어디에 사용할 건지 '목적'부터 파악해야 한다. 그다음 필요한 자료를 언제까지, 어떻게 수집할지 '계획'을 세운다. 마지막으로 수집한 자료를 분석하고 가공한다. 이때, '5W2H'라고 불리는 생각정리 도구를 활용하면 자료들을 보다 명확하게 수집할 수 있다.

자료 수집 3단계 프로세스

1. 목적 파악: Why?

자료를 수집하기 전에 먼저 해야 할 것은 목적을 파악하는 것이다. 자료를 수집하는 목적이 무엇인지, 어디에 사용할 것인지를 생각해 봐야 한다.

> 연말을 맞아서 사무실 분위기를 바꾸자는 의견이 나왔다. 마침 고장 난 조명이 있어서 조명부터 바꾸려 한다. 그런데 전구 종류가 너무 많아서 어떤 조명을 구매해야 할지 모르겠다.

이 상황에 처해 있다고 생각해 보자. 조명을 바꿔야 하는데 어떤 제품을 사야 할지 모른다. 이럴 때 자료를 수집하는 목적은 무엇일까? 어떤 조명이 사무실 분위기를 바꿔줄지, 가격은 저렴한지 등을 비교하는 것이다. 이는 단순히 우리가 정보를 '왜(Why)?' 수집하려는지를 생각해 보면 된다.

목적: 어떤 조명이 분위기가 편안하면서
가격이 저렴한지 비교하기 위함

Why?

2. 계획 및 수집: Where, Who, What, When, How, How much

자료 수집의 목적을 잡았다면 어디서, 누가, 어떤 자료를, 어떻게, 언제까지, 얼마나 수집할 건지를 생각해야 한다. 위 상황에서 조명을 사려는 목적은 명확하므로 이에 맞도록 4W2H를 떠올리면 세부 계획을 쉽게 세울 수 있다.

누가: 나는	Who?
장소: 제품별 웹사이트에서	Where?
무엇을: 조명의 특성을	What?
언제까지: 이번주 금요일까지	When?
어떻게: 표로 정리하여	How?
얼마나: 3개 제품군 이상을 조사할 것이다	How much?

3. 분석 및 가공: 비교 매트릭스

계획한 대로 수집된 자료를 분석하고 비교하는 단계다. 제품마다 효과나 가격 등 정보를 찾고, 표를 활용하여 정리하면 된다. 이때, 비교 매트릭스를 활용해서 정리하면 수집된 정보를 원하는 기준에 맞춰 비교할 수 있다.

조명	가격	분위기	형태	우선순위
A	저가	편안한	매립형	1
B	저가	기본	직부형	3
C	고가	기본	매립형	2

비교 매트릭스

처음 계획을 세울 때 저렴하고, 분위기가 편안해지는 매립형 방식의 조명을 원했다. 이 제품 리스트를 보면 분위기는 편안해지면서, 저렴한 가격인 A 제품이 원하는 제품에 가깝다고 볼 수 있다. 이처럼 자료 수집의 목적부터 명확히 정하면 적합한 정보와 원하는 결과를 얻을 수 있다.

논리 구성: 로직트리를 통해 보고서의 뼈대를 만들자

기본적인 정보를 수집했다면 다음으로 해야 할 건 논리 구성이다. 조명을 교체하기 위한 합당한 이유를 대어 필요성을 어필해서 승인을 받아야 한다. 논리에 맞게 설득하지 못한다면, 지금까지의 수고는 물거품이 될 수도 있다. 이때 로직트리를 활용하면 보고서의 기본 논리를 보다 쉽게 구성할 수 있다.

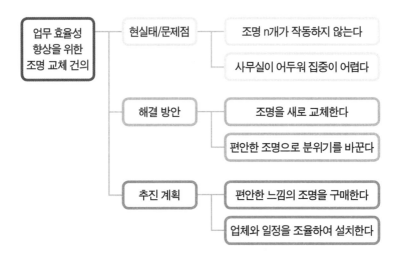

___
**실전 작성: 구체적인 수치와 그림을 활용하면
한눈에 들어오는 보고서를 만들 수 있다**

보고서를 작성하기 위해 자료 수집을 하고, 논리까지 구성했다. 이제는 본격적으로 보고서를 작성하는 것만 남았다. 사실 이 단계에서는 로직트리로 구성한 논리에 그대로 살만 붙여서 작성만 하면 끝난다. 대신 구체적인 수치와 그림, 그리고 메모를 활용하면 설득력을 높일 수 있다.

A와 B 회사의 제품을 비교해 놓은 세 개의 보고서가 있다고 가정해 보자. 첫 번째는 'A가 B보다 더 우수합니다'라는 글만 적혀 있다. 두 번째는 'A는 90%, B는 70%의 성능을 가졌습니다'와 같이 수치로 표현되어 있다. 그리고 세 번째는 수치와 그림으로 표현되었다. 어느 보고서가 더 한눈에 들어오면서 이해하기도 쉬울까?

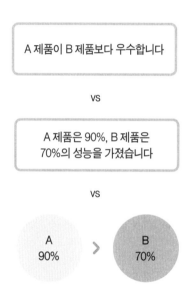

글로만 표현(위), 수치로 표현(중앙), 수치와 그림으로 표현(아래)

　　인간의 정보처리능력 중 75%는 시각에 의존한다. 이 예시를 봐도 그림과 수치로 표현된 자료가 한눈에 잘 들어온다. 이처럼 간단한 그래프나 도형을 활용하면 한눈에 이해되고 보기 좋은 보고서를 만들 수 있다.

5W2H를 활용하면 좀 더 체계적이고 목적에 맞는 자료 수집이 가능하다. 또한 로직트리로 논리를 구성하고, 명확하게 표현해 주면 알찬 보고서를 작성할 수 있다. 마지막으로 한 가지만 더 알아 두자. 보고서를 작성할 땐 부분부분을 세세하게 보면서도 전체적인 그림이나 목적 또한 고려해야 한다. 보고서를 작성하면서 전체적인 목적을 생각하지 않는다면, 예상치 못한 상황에 당황하기 쉽다.

예를 들어, 사장에게 한 달간 해외 출장을 떠나야 하는 상황이 생겼다. 그는 두 명의 직원에게 두 마리의 반려견들을 건강하게 데리고 있어 달라고 부탁하며 각각 한 마리씩을 맡겼다.[6]

상사의 부탁을 받은 두 직원 중 한 명은 반려견을 아예 위험에 노출시키지 않는 쪽으로, 다른 한 명은 위생에 신경쓰기로 했다. 이에 따라 한쪽은 일방적으로 야외산책을 시키지 않기로 정했고, 다른 쪽은 사장님께 산책 여부를 여쭤보고 야외산책을 다녀오되 깨끗이 씻기기로 했다.

어느 편이 상사가 원하는 바에 맞을 것 같은가? 적어도 산책을 정기적으로 시켜 줘야 스트레스가 풀리는 반려견들에게는 후자가 더 좋

---

6 본 사례는 예시일 뿐, 직장에서 정말 이러한 지시가 있다면 직장 내 갑질로 신고받을 수 있다.

을 것이다. 만약 상사가 반려견이 산책을 못해 스트레스가 쌓였다는 걸 눈치챈다면 어떻게 될까?

방법에만 치중한 경우(좌), 전체상황을 생각해 본 경우(우)

이처럼 중간중간 최종 목적인 '건강'을 생각하지 않으면, 상사가 의도했던 것과 전혀 다른 결과가 생길 수 있다. 혼자 전전긍긍하며 하라는 대로 했다가 본전도 못 찾는 경우가 될 수도 있는 것이다.

보고서도 마찬가지다. 자료 수집에만 너무 신경 쓰다 보면 논리가 부족해질 수 있다. 반대로, 논리에만 신경 쓰다가는 거짓 정보를 담는다거나, 내용 전달이 미흡해질 수 있다. 따라서 부분을 보면서도 전체를 신경 쓰도록 주의를 기울이는 것이 필요하다.

3 나를 매력적인 인재로 만드는 생각설계 자료 작성

> "당신이 저지를 수 있는 가장 큰 실수는
> 실수를 할까 두려워하는 것이다."
> - 앨버트 하버드

특급 인재가 되기 위해 즐겨야만 하는 것: 프레젠테이션

보고서 작성만 잘해도 업무의 절반은 인정받을 수 있다. 그만큼 보고서의 비중은 막대하다. 그런 보고서 못지않게 중요한 것이 있다. 바로 '프레젠테이션'이다. 직장생활을 배경으로 한 드라마를 보면 유능한 주인공들의 프레젠테이션은 더할 나위 없이 인상적이다.

프레젠테이션은 어디서든 존재한다. 사업 계획을 발표하는 자리부터 새로운 계약을 따내는 자리, 강연자로 설 때도 프레젠테이션을 한다. 즉, 나를 보여 주는 모든 일에 프레젠테이션 능력은 필수다.

—
알찬 PPT와 뭔가 아쉬운 PPT는 무슨 차이가 있을까?

보고서는 복잡한 정보를 정확히 전달하기 위해 심혈을 기울여 만든다. 하물며 다수의 인원을 설득하는 프레젠테이션은 오죽할까? 그런데 어떤 PPT는 대체로 깔끔해 보이고 내용이 한눈에 이해되는 반면에, 뭔가 허전하고 아쉬운 구석이 있는 PPT도 존재한다. 이들의 차이는 뭘까?

알찬 PPT		뭔가 아쉬운 PPT
1. 한눈에 이해하기 쉽다		1. 요점이 뭔지 모르겠다
2. 내용에 신뢰가 간다		2. 내용에 믿음이 안 간다
3. 공감되는 내용이다, 긍정적이다		3. 공감이 안 된다, 부정적이다

알찬 PPT를 보면 핵심이 잘 드러나서 무슨 말을 하는지 확실하다. 또한 내용 출처가 확실해서 믿음이 간다. 제시하는 내용 하나하나가 공감되고 '이거 되겠다'라는 생각이 절로 든다. 뭔가 아쉬운 PPT는 두 번 세 번 들여다봐도 무슨 말을 하는지 도통 알 수가 없다. 근거로 쓰인 자료도 믿을 만한 건지 모르겠다. 전달하는 내용은 공감도 안 되고, 실행도 힘들 것 같다.

이처럼 PPT를 어떻게 만드느냐에 따라 결과는 하늘과 땅 차이다. 그렇다면 PPT를 잘 만들기 위해 준비해야 할 건 뭘까? 전체적인 흐름은 보고서를 작성할 때와 같다. 수집하고, 논리적으로 배치하고, 글과 그림으로 풀어내면 된다.

PPT 작성 프로세스맵

실전 작성: 하나의 이야기 같은 느낌을 줘야 한다

한눈에 쏙 들어오는 PPT는 세 가지만 기억하면 된다. 스토리 구성, 1 페이지 1 메시지 그리고 그림을 활용하는 것이다.

1. 스토리(논리) 구성

PPT는 마음을 흔들 만한 나름대로의 스토리가 필요하다. 시작부터 끝까지 한 편의 이야기를 듣는다고 느껴지도록 논리를 구성하는 것이 좋다. 그래야 지루하지 않고, 내용 이해도 쉽다. 따라서 그 순간만큼은 '작가'가 되어야 한다.

일반적으로 이야기는 ① 도입부에 흥미를 끈다. 이후 ② 등장인물들이 나오고, 사건들이 발생하며 이야기가 전개된다. ③ 주인공이 시련을 이겨 내며 절정에 치닫는다. 마지막으로 ④ 교훈을 던져 주며 끝난다.

PPT를 구성할 때도 똑같다. ① 개요와 목적으로 흥미를 끌고 ② 왜 시작했는지 배경을 설명한다. 이후 ③ 핵심 내용을 전달해서 어떻게 진행할 지와 그 결과를 설명하고, ④ 질의응답을 통해 궁금한 점들을 해소시켜 주는 흐름으로 프레젠테이션을 구성하면 된다.

일반적으로 질의응답은 그냥 형식상 있는 것이라고 생각하는 사람들이 있다. 그러나 프레젠테이션에서 가장 중요한 것이 질의응답이다. 궁금한 점이나 떠오르는 생각들을 공유하는 과정이 필요하기 때문이다. 마무리만큼은 항상 질의응답으로 끝내 보자. 마지막까지 깔끔하다는 인상을 줄 수 있다.

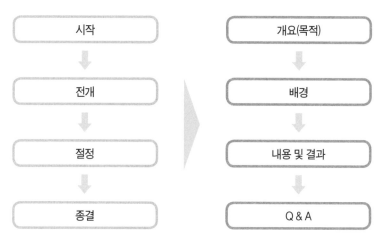

이야기 구성(좌), 기본 PPT 구성(우)

2. 1 페이지 1 메시지

스토리를 만들었다면, 이젠 뼈대에 살만 붙이면 된다. 이때, 한 슬라이드에 두 가지 이상의 메시지를 같이 넣어선 안 된다. 그러면 한꺼번에 여러 정보가 쏟아져서 보기 힘든 자료가 될 수 있기 때문이다.

한 슬라이드에 적절한 정보 양은?

왼쪽 슬라이드에는 한 페이지에 두 가지 내용이 담겨 있다. 한눈에 보아도 정보가 많아 보인다. 더 나아가 한 페이지에 담긴 내용이 세가지, 네 가지로 늘어날수록 받아들이는 데 한계가 생긴다. 반면 오른쪽 슬라이드는 보기 편하다. 하나의 메시지만 담겨 있는 만큼 깔끔하고 이해하기도 편한 것이다. 이처럼 한 페이지에는 하나의 메시지만 전달하는 것이 좋다.

3. 그림 활용

프레젠테이션은 한글, 워드와 같은 문서 편집기보다 시각적인 효과를 주기 수월하다. 이미지를 편집하거나 그릴 수 있는 기능이 더 갖춰졌기 때문이다. 그림 그리기 툴을 이용해 우리에게 익숙한 '사진', 각종 조사 결과를 보여 주는 '그래프', 핵심을 보여 주는 '생각정리 도구'를 표현해 보자. 이 그림들을 적절히 활용한다면 청중에게 말하고자 하는 바를 쉽게 전달할 수 있다.

실전 Tip!

알찬 PPT 만드는 방법

1) 대략적인 목차(스토리 구조)를 짠다. (개요-배경-내용-결과-기대효과-Q&A 등)

2) 로직트리를 활용하여 각 목차마다 전달할 내용들을 배치한다.

   Ex) 배경 - 현 실태 및 문제점

         - 근본 원인

         - 해결 방안

3) 각 슬라이드마다 전달할 메시지를 개략적으로 적는다.

4) 슬라이드마다 참고할 만한 PPT 자료나 그림, 도표를 삽입한다.

5) 전달할 메시지를 배치해 둔 그림이나 도표를 활용하여 표현한다.

6) 전체적인 스토리는 매끄러운지, 내용은 잘 표현됐는지, 한눈에 이해되는지 검토한다.

나를 매력적인 인재로 만드는 생각설계 스피치

"만약 당신이 어떤 것을 간단하게 설명하지 못한다면
제대로 이해하지 못했기 때문이다."
- 알베르트 아인슈타인

프레젠테이션을 할 때는 이야기꾼이 되어야 한다

프레젠테이션은 다수가 함께 보고 듣는다. 따라서 대중 앞에서 말
하는 능력도 자료를 작성하는 것만큼 중요하다. 누구나 프레젠테이션
을 하라고 하면 부담을 느끼는 것도 이 때문이다. 어떤 이는 타고난 말
재주 덕분인지 자신 있게 해낸다. 별다른 준비도 안 한 것 같은데 사람
들의 마음을 움직인다. 그들처럼 말하려면 어떻게 해야 할까?

사실 타고난 말솜씨를 가진 사람도 대중 앞에 서면 긴장하기 마련이
다. 다만, 그들은 긴장을 극복하기 위해 준비해야 할 세 가지를 알고 있다.

1. 로직트리 대본을 쓰면 핵심만 담백하게 말할 수 있다

핵심을 명확하게 말하기 위해서 생각정리 도구를 활용하는 방법이 있다. 바로 '로직트리 대본'을 활용하는 것이다. 슬라이드마다 전하려는 메시지의 핵심 키워드들을 로직트리 형태로 만들어서 대본화하면 된다. 다음 두 가지 대본을 비교해 보자.

소비자들의 ○○ 제품 관련 소비 성향이 변화하고 있습니다. 서울 소재 직장인 1,000여 명을 대상으로 조사한 결과, 약 25%의 직장인들이 A 제품보다 B 제품을 소비하는 것으로 나타났습니다. 이 제품에는 계절에 따른 위험이 존재하는데, B 제품은 이에 대비한 기능이 있었습니다.

서술형 대본

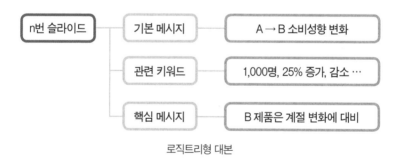

로직트리형 대본

보다시피 서술형 대본은 무엇이 핵심인지 보이지 않는다. 따라서 대본 전체를 달달 외우게 된다. 반면에 로직트리형 대본은 핵심 메시

지가 한눈에 보인다. 정리된 키워드들은 이미지로 인식되기 때문에 훨씬 잘 외워진다. 여기에 적당히 살만 붙여 내기만 하면 되는 것이다. 이렇게 로직트리 대본을 활용하면 핵심을 명확하게 전달하는 스피치를 해낼 수 있다.

2. 생각하는 것만으로도 '스피치의 달인'이 될 수 있다

스피치의 달인들도 사람인지라 대중 앞에 서면 두려움이 생긴다. 대신 그들은 두려움을 이겨 내는 방법을 안다. 일례로 그들은 스피치를 시작하기 전에 항상 '나는 최고다'라는 식의 마인드셋을 한다.

《인간 본성의 법칙》의 저자 로버트 그린도 스피치 전에 마인드셋하는 것을 권유한다. 방법은 간단하다. 스피치 시작하기 전 '나는 최고다!', '잘할 수 있다!' 같은 생각을 끊임없이 하는 것이다. 그럼 신기하게도 우리의 제스처에는 생동감이 붙고, 목소리에는 힘이 생긴다. 그는 이렇게 '자기확신'이라는 본성을 이용한다면 누구나 스피치의 달인이 될 수 있다고 말한다.

NLP(Neuro-Lingustic Programming)라는 심리기법 중에도 마인드셋과 관련된 기법이 있다. 바로 '변화의 원' 기법이다. 우선 내 주변에 사람 한 명이 들어갈 만한 작은 원이 있다고 생각하자. 그 원 안으로 들어가는 순간 스피치 능력을 가지게 된다고 상상하는 것이다. 실제로 원 안에 서면 자신감이 넘치고 성공적인 스피치를 해낼 확률이 높다고 한다.

이처럼 생각을 설계하면 무엇이든 해낼 수 있다는 말은 더 이상 허구가 아니다. 세계적인 작가, 유망한 심리학자들도 이를 인정했다. 어차피 밑져야 본전이다. 스피치하기 전에 '내가 최고다!', '저기 변화의 원이 있다!'라고 생각해 보자. 그날 청중들은 자신감 넘치고 매력적인 한 사람을 만나게 될 것이다.

3. 실전 같은 리허설은 능숙한 스피치를 만든다

스피치를 준비할 때 리허설을 빼먹을 순 없다. 리허설은 말 그대로 실전처럼 연습해 보는 것을 말한다. 아이돌 가수들도 본 공연을 시작하기 전에 수십 번의 리허설을 한다. 수많은 관객이 지켜볼 무대 위에서 리허설을 하고 안 하고는 하늘과 땅 차이이기 때문이다.

리허설을 해 보면 도중에 잘 생각나지 않는 부분들이 생긴다. 그 부분들을 집중공략해서 연습하면 된다. 그럼 실수를 줄일 수 있다. 또한 손동작은 어떻게 할 건지 등 가장 적합한 자세를 생각해 보게 된다. 이런 것만 준비해도 처음 하는 것보다 훨씬 능숙한 스피치를 해낼 수 있다.

계속 긴장된다면 주의를 돌려 보자

프레젠테이션은 누구에게나 극도의 긴장감과 두려움을 선사한다. 생각정리 도구를 사용하면 이런 긴장을 가라앉히고 한결 자신 있는 태도를 가질 수 있다. 로직트리 대본으로 핵심 메시지들을 정리해 보자. 핵심 키워드로 나눠서 정리한다면 외울 양도 줄어들고 이미지로 오래 기억할 수 있다. 자신이 없다면, 자신감 마인드셋을 해 보자. 자신도 모르게 술술 말하고 있는 스스로를 볼 수 있을 것이다.

이렇게 했는데도 긴장이 사라지지 않는 사람들이 분명 있을 것이다. 어쩌면 본인을 자책하고 있을지도 모르겠다. 그러나 스스로를 너무 원망할 필요는 없다. 단지 '의욕 과잉'의 상태에 빠져 있는 건 아닌지 돌아보자. 너무 자고 싶고 피곤한데 아침이 될 때까지 잠에 들지 못한 적이 있지 않은가? 혹은 애인을 사귀고 싶으면서도 어느 순간 자신이 이성을 밀어내고 있다고 느낀 적은 없었는가? 이 모든 것들은 '의욕 과잉' 때문이다. 극도로 치솟은 의욕 때문에 긴장이 과도해진다거나, 강박관념이 자리 잡히는 것이다.

이런 상황에 처했다면 심호흡을 하고 이렇게 선언해 보자. 여기서 실수를 하더라도 인생이 끝나는 게 아니라고, 어차피 사람들은 잘 모를 거라고 말이다!

5

평범한 나를 작가로 만들어 주는 생각설계 글쓰기

> "내 삶이 끝날 때 내가 내 삶의 길이만큼만 살았다는 걸
> 깨닫고 싶지 않다. 내 삶의 폭도 살고 싶다."
> - 다이앤 애커먼

글을 써야 하는 이유

최근 책 쓰기를 목표로 한 글쓰기 강의가 유행하고 있다. 베스트셀러 작가나 각종 글쓰기 플랫폼의 유명 저자들의 글쓰기 노하우를 배우려는 수요가 증가한 것이다. 특히 베스트셀러 작가에게서 배우는 책쓰기 강의 수강료는 수천만 원에 이르기도 한다. 최근 들어 글쓰기가 유행하는 이유는 무엇일까?

첫 번째는 글을 써서 인지도를 얻는 것이 하나의 퍼스널 브랜딩 방법이기 때문이다. 베스트셀러 작가가 되면 온갖 강의 요청이 쇄도한

다. 이곳저곳에서 원하는 사람이 되어 몸값도 오른다.

두 번째 이유는 실제 직장에서 하는 업무의 절반 이상이 보고서라는 데 있다. 보고서는 결국 글쓰기이기 때문에 글쓰기방법을 배우면 회사에서 자신의 가치를 높이면서도 업무 스킬까지 향상시킬 수 있다.

마지막으로, 글쓰기를 배우면 인생의 폭을 넓힐 수 있다. 글을 쓰기 위해 독서를 하게 되면 자연스레 지식이 쌓인다. 그러면서 세상을 바라보는 시야가 넓어진다. 더군다나, A4 3~4페이지짜리 글 한 편을 완성하고 나면 저절로 자존감이 올라간다. 어렵게만 보였던 '작은 성공'을 하나 해내게 되어 자신감이 생기는 것이다.

따라서 우리는 이제부터라도 글을 써야 한다. 새로운 지식을 쌓고, 시야를 넓혀야 한다. 그럼 자신의 가치를 높이면서 자존감이 쌓이고, 직장에서도 인정받는 사람이 될 수 있다. 다음 방법을 천천히 따라해 보자.

생각을 설계해서 짜임새 높은 글을 쓰는 방법

글을 쓰려면 생각을 설계해야 한다. 생각만 설계해도 글쓰기는 믿을 수 없을 만큼 쉬워지기 때문이다. 먼저 글을 쓰려면 주제를 선정하고, 자료를 수집해야 한다. 이후에도 논리를 구성한 다음에야 비로소 직접 글을 쓰는 것이 정석적인 순서다. 이 같은 글쓰기의 흐름을 프로세스맵으로 표현하면 다음과 같다.

글쓰기 4단계 프로세스맵

1. 구체적인 주제 선정하기

무턱대고 '글을 쓸 거야!'라고 생각하면, 백지 앞에서 무너지기 십상이다. 따라서 글을 쓰는 목적이 무엇인지, 글을 읽을 사람은 누구일지를 먼저 생각해 봐야 한다.

필자는 '브런치'라는 플랫폼에서 여러 주제의 글을 연재하고 있다. 글의 주제로는 생각정리 도구를 활용한 업무 방법, 소박하지만 유익한 정보, 심리 등이 있다. 중간에 중단하지 않고 계속해서 쓸 수 있는 이유는 명확한 주제가 있기 때문이다. 주제가 확실하다 보니 관련 도서나 영상을 찾아보면서 쓸 만한 재료들을 지속적으로 발견할 수 있다.

만약 글쓰기 주제가 모호하거나 없었다면 도중에 재료를 얻을 정보 창고가 텅 비어 버렸을 것이다. 무슨 책을 참고해야 할지도 떠오르지 않고, 그나마 알고 있던 배경지식마저 고갈될 것이다. 그럼 자연스럽게 글쓰기를 멈추게 된다. 따라서 주제를 명확하게 선정하고 시작하는 게 필요하다.

참고로, 주제를 선정할 때는 글을 읽으면 도움이 될 타깃 독자를 생각하면서 잡는 게 중요하다. 독자를 명확히 해 두지 않으면, 글의 주체가 누군지 헷갈리기 때문이다. 신입사원에게 도움이 되는 '직장 적응 노하우'를 주제로 해 놓고, 대리나 과장의 시선에서 글을 쓴다고 해보자. 이는 누구나 공감되다가도 말게 될 상황이 발생할 수 있다.

2. 주제에 맞는 자료 수집하기

모든 글은 기본 지식이 있어야 쓸 수 있다. 자기계발서만 봐도, 유용한 도구에 대한 설명이나 본인의 경험이라는 배경지식이 있다. 최근 유행하는 심리학책들은 연구 사례나 논문 같이 배경 자료가 기본 지식으로 사용된다. 소설이나 에세이도 마찬가지다. 역사, 사회, 문화 분야에 대한 기본 정보와 자신의 경험이 있어야 글을 써낼 수 있다. 결국, 어떤 글이라도 기본이 되는 지식이 있어야 실질적으로 도움 되는 글을 쓸 수 있는 것이다.

주제에 맞는 자료를 수집하는 방법은 그리 어렵지 않다. 관련 도서나 기사, 잡지 등을 참고하면 된다. 더 나아가서 학술연구정보서비스 사이트의 논문자료나 통계청 등 특정기관의 조사 자료 등도 참고할 수 있다. 이렇게 글을 쓰기 위한 자료들을 풍부하게 수집하다 보면, 어떤 글을 써야 할지 감이 잡힌다. 예를 들어, 심리에 대한 자료를 찾아보다가 '열등감'에 관련된 자료를 찾았다. 다른 자료들도 찾다 보니 이번엔 '열등감의 원인'과 관련된 자료가 있었다. 여기까지만 찾아도 '열등감을 극복하는 방법'과 같은 주제를 떠올릴 수 있다.

이처럼 자료 수집 활동은 글을 쓰기 위해서 매우 중요한 역할을 한다. 만약 충분한 자료가 없다면, 된장찌개를 된장 없이 끓이려는 것과 같다.

3. 생각정리 도구로 논리 구성하기

주제도 정했고 자료도 준비했다면, 이젠 논리를 만들 차례다. 여기서는 KJ법을 활용한 논리구성 방법을 소개하려 한다. KJ법은 정보를 카드에 적고, 카드들을 분류하고 배열하는 방법이다. 최근엔 카드 대신 엑셀 프로그램을 활용한 디지털 KJ법이 있다.

먼저 수집된 정보들을 각 셀들에 적는다. 이때 정보들의 핵심단어를 소제목으로 구분하여 적어 두면 좋다. 이후 이들을 유사한 주제별로 묶는다. 그리고 그 옆에 서론, 본론, 결론에 맞게 정보들을 엮어 간단한 개요를 적어 주면 된다. 마지막으로 해당 부분에 대한 제목을 만들어 내면 글 한 편 구성이 완성된다.

다음 표는 필자가 책을 쓸 때 활용했던 KJ법 예시다. 첫째 줄에는 챕터명을, 두 번째는 큰 제목을, 세 번째에는 수집한 자료들의 핵심을 적었다. 그 후 마지막 열에는 서론, 본론, 결론에 따라 간단히 글을 적었다. 이처럼 엑셀 프로그램을 활용하면 KJ법을 수월하게 사용할 수 있고, 글의 전체적인 구성을 쉽게 만들어 낼 수 있다.

3부. 생각설계 기초: 나 바로알기	만다라트와 긍정루틴 매트릭스로 나만의 '쑥쑥차선' 만들기		
	작심훈이 이유, 부정을 억압하는 긍정이 좋은걸까?	**서론:** 우리의 삶에 변화를 줄 차례다. 삶에 변화를 주는 두 가지를 소개해 볼까 한다. 첫 번째는 스트레스를 줄이는 것이고, 두 번째는 목표를 설정해서 삶을 능동적으로 바꾸는 것이다.	
	일과 이외에도 일 생각: 스트레스의 주범, 긍정루틴 매트릭스 추가	**본론 1:** 우리는 온갖 스트레스들에 둘러싸여 있다. 긍정루틴 매트릭스로 줄일 수 있다.	
	직장인 사이에서 흔한 불만족		
	눈뜨며 꾸는 꿈이 있다? (백일몽-몽상모드의 장점)	**본론 2:** 두 번째 방법으로는 목표를 설정하라는 거다. 명확하고 작은 것부터 설정해야 한다.	
	생각정리법 응용 해결법	**본론 3:** 목표를 설정할 때 '~하지 않기'같은 부정형이 아닌 긍정형으로 세워야 한다. 담배 피지 않기처럼 목표를 세우면 담배피기로 인식하게 된다.	
	스트레스에 대한 통념은 잘못됐다		
	시각=목표설정 만다라트 활용		
	명확한 목표설정 사례(스포츠)	**결론:** 앞에서 소개한 대로, 긍정루틴 매트릭스로 우선 일상 스트레스를 줄여 보자. 만다라트를 활용해서 지금 당장 해야 하는 목표에 집중해 보자. 그러다 보면 어느 순간 응상보다 웃음을 짓고 있는 우리를 발견할 수 있을 것이다.	
	머슬로우의 욕구단계 이론-우리는 어떤 욕구에 의해 어떤 목표를 잡고 있는가?		
	아네무 김민철 작은 성공을 해나가야 한다		
	목표설정, 뇌의 특징(긍정형)		

K년 활용 예시

글쓰기 플랫폼을 활용해서 '작가'가 되어 보자

최근 플랫폼 혁명이라고 할 정도로 수많은 플랫폼들이 생겨나고 있다. 특히 '브런치', '퍼블리', '스팀잇' 등 글과 관련된 플랫폼들도 많이 생기면서 작가가 될 수 있는 가능성도 높아지고 있다. 임홍택 작가의 《90년생이 온다》, 하완 작가의 《하마터면 열심히 살 뻔했다》 등 다수의 베스트셀러들도 모두 브런치를 통해 탄생했다.

브런치는 직접 써낸 글들을 모아서 한 권의 책을 낼 수 있는 서비스를 제공한다. 심지어 자비출판사인 '부크크'의 승인만 얻으면 얼마든지 출간해 낼 수 있다. 1,000:1의 경쟁률을 뛰어넘어야 하는 기획출판보다 훨씬 쉬운 방법으로 내 이름이 새겨진 책을 낼 수 있는 것이다.

브런치에서 글을 쓰기 위해선, 먼저 '브런치 작가'로서 인정받아야 한다. 방법은 간단하다. 먼저 앞에서 소개한 방법대로 주제에 따라 글을 써야 한다. 이후, 브런치에 가입하고 브런치 작가 신청을 하면 된다. 작가 신청할 때 제출해야 하는 내용 중 핵심은 '주제'와 '글의 논리'다. 주제는 글쓰기 전 이미 정했기 때문에 별 문제 없이 적을 수 있다. 더불어 적어 줘야 하는 '타깃 독자'라든지 '기획의도'도 주제를 정하면서 결정된 사항일 것이다.

반면에 논리는 얘기가 다르다. 브런치는 서론, 본론, 결론으로 나뉜 글을 좋아한다. 논리가 없다면 가차 없이 탈락되고 마는 게 바로 브런치의 기호다. 필자도 처음 두서없는 글로 작가신청을 했을 때 가차 없이 떨어진 경험이 있다. 그러나 서론, 본론, 결론 구성을 갖추니 바로 작가가 될 수 있었다. 이제부터라도 브런치를 통해 작가가 되어 보는 건 어떤가? 글의 주제를 정하고, 생각설계 방법으로 논리를 구성해 보는 것이다.

작가가 되기 위해서 필요한 것은 '용기'이다

많은 사람들이 '작가는 아무나 되는 게 아니다'라는 선입견을 갖고 있다. 그러나 글의 구성과 글 쓰는 원리만 알면 누구나 될 수 있는 게 또 작가다. 단지 정말 필요한 게 있다면 시작할 수 있는 '용기'이다. 대부분의 사람들이 글 쓰는 게 두려워서 시작조차 안 한다. 이 책을 읽으면서 어떤 생각이 들었는가? '이 정도면 나도 할 수 있겠는데?'라는 생각이 들지 않는가? 맞다. 지금 이 글을 읽고 있는 당신도 '작가'가 될 수 있다. 그러니까 한번 도전해 보길 권한다.

성공할 사람들은 작은 것부터 시작한다. 산을 옮기는 것도 자갈부터 옮겨야 하는 것처럼 글 쓰는 것도 똑같다. 먼저 글쓰기 플랫폼에서 작가가 되는 것에 도전해 보자. 블로그나 카페도 좋다. 주제를 정하고 자료부터 모으자. 그 후 생각정리 도구를 활용해 논리를 만들자. 그다음은? 그대로 살만 붙여 글로 옮겨 적자. 내 힘으로 쓴 글이 하나둘 쌓여 갈수록, 글은 정교해질 것이다. 마침내 한 권의 책 분량이 채워지면 우리도 '출간 작가'가 될 수 있다.

"야! 너두 작가 될 수 있어."

6 글쓰기를 위한 세 가지 기초 작업
: 독서하라, 필사하라, 모방하라

"오늘 누군가가 나무 그늘에 앉아 쉴 수 있는 이유는
오래전에 누군가가 나무를 심었기 때문이다."
- 워런 버핏

너도나도 글쓰기 열풍

이제 소비만 하는 세상은 끝났다. 누구나 자신만의 퍼스널 브랜드를 구축하고 소비재를 생산하는 시대에 도래했다. 최근 SNS 광고들만 봐도 생산자가 되기 위한 강좌나 모임과 관련된 광고들이 대부분이다. 불과 수개월 전만 해도 제품판매 광고가 대부분이었다는 걸 생각하면 확실히 변화가 느껴질 것이다.

이런 흐름에 따라 최근에는 글을 생산하는 '글쓰는 사람들'도 부쩍 많아지고 있다.

그런데 글쓰기를 잘하려면 어떻게 해야 할까?

글과 친해져야 한다

수영선수가 물을 두려워하거나 싫어하는 것을 본 적 있는가? 요리에 관심 없는 일반인이 처음해 보는 스테이크를 최고급 레스토랑에서 하는 것보다 맛있게 할 수 있을까? 당연하게도 그럴 일은 흔치 않다.

마찬가지로 글을 잘 쓰고 싶다면 글과 친해져야 한다. 글을 많이 읽어야 한다는 말이다. 최근 들어 각종 플랫폼들이 생겨나면서 글을 읽는 방법 또한 다양해졌다. 온라인 글쓰기 플랫폼들이 많아졌고, SNS에도 많은 글들이 올라온다. 그중에서도 필자가 추천하는 방법은 바로 '독서'다.

책은 수백 수천 권의 글을 읽고 편집해 온 편집자들이 가독성 좋은 문장으로 다듬어 낸 작품이다. 따라서 문장 길이나 단어 표현, 문맥 순서가 체계적으로 잡혀 있다. 즉, 글을 잘 쓰고 싶은 이들에게 책만큼 좋은 스승이 없다. 책을 많이 읽으면 가독성이 좋은 문장 길이는 어느 정도인지 감을 잡을 수 있다. 게다가 어휘가 풍부해지고, 다양한 표현법도 익힐 수 있다.

이러한 독서를 효과적으로 하는 방법이 있는데 '메모'하며 읽는 것이다. 읽으면서 인상 깊었던 내용에 밑줄을 치고, 도중에 떠오르는 아이디어를 메모해 보자. 그냥 읽었을 때보다 명확히 각인될 것이다. 심지어 일상, 직장 등 다른 부분에서 막혔던 문제의 해결책이 떠오르는 경우도 있다. 이를 메모하고 사진으로 기록해 두면, 필요할 때 유용하게 사용할 수 있다.

많이 써 봐야 안다

책을 많이 읽는 것은 '글쓰기 이론'을 배우는 것과 같다. 수학 공식도 단순히 이론만 배워서는 문제 해결에 적용하기 어렵듯이, 글쓰기도 이론만으론 부족하다. 많이 써 봐야 한다. 글쓰기에 익숙하지 않으면 뭘 써야 할지부터 고민된다. 소설, 에세이, 자기계발서 등 분야도 너무 다양하다. 한 가지 다행인 점은 처음부터 글을 쥐어짜 내면서 쓸 필요가 없다는 것이다.

글쓰기 연습에는 '필사'만 한 것이 없다. 필사가 좋은 이유는 첫 번째로 책 내용이 자연스레 정리되어 머릿속에 저장된다는 것이다. 책을 두 번 읽게 되기 때문이다. 두 번째로 단문을 연습할 수 있다. 앞에서 말했듯이 책에는 유능한 편집자들이 갈고닦아 낸 가독성의 정수가 담겨 있다. 이를 따라 써 보면서 적당한 문장 길이에 대한 '감'을 체득할 수 있다. 마지막으로 단어나 문체 등 풍부한 표현을 배울 수 있다. 평소엔 자주 쓰는 단어나 익숙한 표현들만 쓰기 마련이다. 글을 쓸 때도 항상 보던 문장들만 생각난다. 필사를 하게 되면 비교적 다양한 표현들을 익힐 수 있다. 새로운 글을 쓸 때 문장을 풍부하게 채워 낼 수 있게 되는 것이다.

흔히 필사라고 하면, 직접 펜을 들어 글 내용을 노트에 따라 쓰는 걸 떠올릴 것이다. 물론 그 방법도 좋지만, 우리에겐 많은 글을 빠르게 적을 수 있는 컴퓨터가 있다. 그리고 문서 편집기에 좋은 글귀를 따라 써 보는 것만으로도 필사의 효과를 낼 수 있다. 오히려 짧은 시간에 더 많은 글을 쓸 수 있으므로 훨씬 효율적이다. 우리가 지금까지 읽어 온 책들, 그리고 그 안에 적어 뒀던 메모들을 한글 혹은 워드 파일에 그대로 따라 적어 보자.

작가들의 글쓰기를 따라해야 한다

독서와 필사는 요리를 배우기 위해 요리책을 보고, 정식 레시피대로 해 보는 것과 같다. 그러나 요리를 정말 잘하기 위해선, 요리 장인들의 레시피를 직접 따라 해 봐야 한다. 사람들이 백종원의 레시피를 찾아보고, 따라 하는 데에는 그만한 이유가 있다. 글쓰기도 마찬가지다. 좋아하는 작가의 글을 모방하고 응용해 보면 표현에 대한 시야가 한순간에 확장된다. 이는 필사와는 사뭇 다르다. 필사는 글자를 있는 그대로 쓰는 반면에, 이는 작가들의 표현들을 응용하는 것이기 때문이다.

예를 들어, '괴로움이 우수수 떨어진다'라는 문학적 표현을 사용한다고 해 보자. 만약 우리가 글쓰기로 인해 힘들어하고 있다면 '우수수 떨어지는 창작의 고통을 겪고 있다'처럼 써먹을 수 있을 것이다. 반대로 '행복이 우수수 떨어진다'라고 쓸 수도 있다. 실제로 많은 작가들이 표현력을 높이기 위해 다른 책들을 많이 읽고 따라해 본다.

정리해 보면, 글쓰기를 잘하기 위한 기본 준비는 독서하고 필사하고 모방하는 것이다. 가장 중요한 것은 이를 실천하는 것과 꾸준히 해내는 것이다. 방법을 알고 있다 한들 실제로 하지 않으면 아무 소용이 없다. 글쓰기 능력이 모든 일에 반드시 필요한 건 아니지만, 잘한다면 반드시 도움이 된다. 그러니까 당신도 시작해 봤으면 좋겠다. 시간이 지날수록 글이 깔끔해지고 다듬어지는 것을 느낄 것이다.

생각설계의 기술

6부

잘 팔리는 사람들의 비밀

THINK

1 압박면접을 대화로 바꾸는 로직트리 대본

"나에게 나무를 벨 시간이 주어진다면
도끼를 가는 데 80%를 쓰겠다."
- 에이브러햄 링컨

면접은 말 그대로 얼굴을 접하는 것이다

많은 사람들이 면접을 볼 때 상대방이 나를 무시할까 봐, 쓴소리할까 봐 걱정한다. 면접 자체를 '나를 압박하는 자리'로 받아들이는 것이다. 그러나 면접의 의미를 보면 '남을 꾸짖는 자리'가 아닌, '얼굴을 접한다'라는 뜻을 갖고 있다. 얼굴을 접한다는 것은 서로 얼굴을 마주 보는 것이다. 즉, 면접은 상대에게 '실제의 나'를 보여 주는 자리일 뿐이다.

면접에서 합격한 이들의 말을 들어 보면, 면접이 아니라 '일상 대화'를 하고 온 것 같았다고 한다. 딱딱하고 격식만 넘치는 자리가 아니라 편안하고 즐거운 분위기 말이다. 너무 과하지도 너무 여유롭지도 않은 적당한 긴장감이 중요하다. 그리고 이는 면접뿐만이 아닌 많은 '대면' 자리에서도 해당된다. 대체 어떻게 하면 우리를 명확히 보여 주면서 적당한 긴장을 유지할 수 있을까?

달달 외우는 방식은 긴장만 불러일으킨다

면접을 볼 때 보통의 경우 예상 질문에 대답을 준비해 달달 외운다. 그런데 이렇게 답변을 외워 가면 몇 가지 문제가 발생한다.

첫 번째로, 달달 외우게 되면 중간중간 답변이 기억나지 않을 때 말문이 막혀 버린다. 바로 뒤에 무슨 말을 해야 할지 생각나지 않는 것이다. 그 순간 머릿속이 완전히 하얘져 당황하고, 횡설수설하게 된다.

두 번째로 내용 외우기에 급급한 나머지 기본적인 표정이나 태도 관리가 안 될 수 있다. 면접에서는 내용이 알차다고 좋은 게 아니다. 겉으로 보았을 때 자신감 있는 태도, 옅게 띈 미소와 단정한 자세도 영향을 끼친다. 이를 통해 업무를 대할 때 어떤 모습으로 임할지 짐작할 수 있기 때문이다. 만약 과도한 긴장감 때문에 자신도 모르게 손톱을 물어뜯는다면 어떻게 될까? 머리를 벅벅 긁는 모습은 어떤가? 적어도 좋은 결과를 기대하기는 어려울 것이다.

그렇다면 예상 질문과 답변을 달달 외우지 않고도 어떻게 하면 자신 있는 모습을 상대에게 보여 줄 수 있을까? 어떻게 해야 긴장감을 낮출 수 있을까?

로직트리 대본, 적당한 긴장을 위한 적당한 준비

서울대학교 병원의 신민섭 교수는 단어들을 도형과 결합하기만 해도 이미지로 인식해서 기억하기 쉬워진다고 말한다. 그리고 이를 가능하게 만들어 주는 생각정리 도구에는 '로직트리 대본'이 있다. 일전에 봤던 서술형 대본과 로직트리 대본을 예로 들어 보자.

> 소비자들의 ○○ 제품 관련 소비 성향이 변화하고 있습니다. 서울 소재 직장인 1,000여 명을 대상으로 조사한 결과, 약 25%의 직장인들이 A 제품보다 B 제품을 소비하는 것으로 나타났습니다. 이 제품에는 계절에 따른 위험이 존재하는데, B 제품은 이에 대비한 기능이 있었습니다.

서술형 대본

로직트리 대본 예시 1

하나는 글이 **빽빽**하고, 하나는 로직트리 형태로 키워드만 정리해 두었다. 서술형 대본은 핵심이 보이지 않아 모든 단어를 한꺼번에 외우게 된다. 말 그대로 '달달 외우게 되는 것'이다. 반면에 로직트리 대본의 경우 핵심을 한눈에 볼 수 있고 이미지 형태라서 기억하기도 좋다.

로직트리 대본을 만드는 방법은 간단하다. 자기소개서 내용은 물론이고, 예상되는 질문에 대한 답변들을 로직트리 형식으로 그리기만 하면 된다. 대학 시절, 가장 기억에 남는 일에 대한 질문이 예상된다고 해 보자.

로직트리 대본 예시 2

우리는 평소 경험이나 사실 정보를 이야기할 때 핵심에 살만 붙이는 식의 대화법을 쓴다. 그럼 이야기가 훨씬 자연스럽게 들린다. 로직트리 대본도 마찬가지다. 세 가지 키워드로 무엇을, 왜, 어땠는지를 중심으로 핵심만 정리해 주면 된다. 그럼 대본을 달달 외워 기계적으로 대답하는 것보다 훨씬 자연스럽게 말할 수 있다. 뼈대가 되는 키워드에 살을 붙이며 말하게 되기 때문이다. 이때, 각 키워드별로 색상을 정해 주면 좋다. 구분도 쉽고, 기억하는 데도 더 효과적이다.

상대방의 주의를 끄는 말투가 필요하다

로직트리 대본으로 내용을 알차게 준비했다면, 이젠 상대방의 주의를 끌어야 한다. 실제 친구들이나 동료와의 대화를 생각해 보자. 아무리 내용이 좋아도 재미가 없다면 빨리 끝나기만을 기다리게 된다. 무슨 말을 하는지 공감이 안 되기 때문이다. 반면에 내용이 부실해도 재미가 있으면 끝까지 듣게 된다. 쉽게 말해서, '공감'을 이끌어 내면 상대방의 관심을 끌어올 수 있다. 그렇다면 공감은 어떻게 만들어 낼까?

1. 유식해 보이는 약어들을 남발하지 말자

좀 더 공부했다는 이유로 혹은 전문성을 보여 주기 위해서 잘 알지도 못하는 각종 약어들을 남발하는 경우가 많다. 그러나 이는 오히려 역효과를 불러일으킬 수 있다. 면접 자리라면 상대방은 나보다 실전 경험이 많은 사람일 것이다. 그들에게 섣불리 약어를 사용했다간 되레 유식한 척하는 이미지로 보일 수도 있다. 심지어 잘못된 정보를 말하게 되면 신뢰를 잃는다. 약어는 되도록 쉬운 말로 바꿔서 사용하자.

2. 정확히 알고 쉽게 설명하자

> "초등학생에게 자신의 지식을 이해시킬 수 없다면
> 그건 본인이 모르고 있는 것이다."

아인슈타인이 남긴 말이다. 우린 잘 알고 있는 문제에 대해선 명쾌하게 말하지만, 잘 모르면 이것저것 다 갖다 붙이며 말한다. 이해시키려다 보니 불필요한 이야기들을 계속해서 붙이게 되는 것이다. 이는 오히려 잘 모르고 있다는 인상만 남긴다. 이를 해결하려면, 내가 정확히 아는 정보인지, 어렴풋이 아는 정보인지를 분명히 파악하자. 그리고 정확히 아는 정보만을 이야기해야 한다. 그래야만 상대가 이해할 수 있도록 쉽게 전달할 수 있기 때문이다.

3. 상대가 다 알고 있다고 착각하지 말자

상대가 '테니스'에 관한 이야기를 물어봤다고 하자. 그러나 정작 상대는 테니스에 대해서 잘 모른다. 그런 그에게 테니스 관련 전문 용어들을 사용하여 설명한다면 바로 이해할 수 있을까?

질문한 사람이라고 모든 것을 알고 있는 건 아니다. 상대가 다 알 것이라 생각하고 대화를 이끌어 간다면 어느 순간 관심이 사라져 있을 확률이 높다.

핵심을 전달해야 한다

'엘리베이터 스피치'라고 들어 봤는가? 건물 옥상에서 지상으로 내려오는 엘리베이터 안에서 모든 이야기를 전달하는 스피치 기술이다.

면접장을 떠올려 보자. 면접관들은 시간이 없다. 계속 똑같은 이야기들을 들어야 해서 지루하다. 따라서 핵심을 쏙쏙 골라 전달해야 한다. 앞서 소개한 '로직트리 대본'을 활용해 핵심을 정리한다면 그들이 원하는 담백한 정보만을 전달할 수 있다. 잊지 말자. 핵심을 전달하지 못하면 백 마디 천 마디를 하더라도 헛수고가 된다.

2

뛰어난 리더들이 백번 강조한 라이크스피치 방법

> "자존감이 있으면 내면의 힘을 발견할 수 있고,
> 통찰력과 내면을 성찰하는 능력, 공명정대함과 용기가 생긴다."
> - 유럽의 지성, 자크 아탈리

같이 일하고 싶은 사람이 되려면 마음을 끌어당겨야 한다

아무리 일을 잘하더라도 무례한 사람과 같이 일하고 싶지는 않다. 반면에 어떤 이들은 몇 마디만 나눠도 마음을 끌어당긴다. 그들과는 무슨 일이든지 같이 해 보고 싶다는 마음이 샘솟는다. 과연 어떤 비결이 있기에 사람들의 마음을 끌어당기는 걸까? K 사, M 사, D 사 등에서 근무 중인 팀장님, 대표님들을 만나서 그 답을 여쭤봤다. 그들은 같이 일하고 싶은 사람이 되기 위해선 대화를 해야 한다고 말한다. 그냥 대화가 아니라, 그들의 마음을 얻을 수 있는 대화 말이다.

그들은 '대화'를 하면서 마음을 얻어 낸다

바라만 봐도 일할 의욕이 마구 샘솟는 사람이 있다. 또한 숨고 싶거나 위축되게 만드는 사람도 있다. 전자와 함께 일할 때면 무슨 일을 하든지 끝까지 잘해 내고 싶어진다. 심지어 야근도 서슴지 않는다. 그러나 후자의 경우, '해도 욕만 듣겠지'란 생각에 아무 일도 하지 않게 된다. 두 유형의 차이는 헤이트스피치를 하느냐, 라이크스피치를 하느냐에 있다.

헤이트스피치		라이크스피치
1. 쉽게 윽박지른다 2. 칭찬하는 모습을 보기 힘들다 3. 다른 이들의 생각을 듣지 않는다		1. 실수의 내용을 차분히 설명한다 2. 잘한 일에 칭찬을 아끼지 않는다 3. 다른 이들의 생각을 '경청'한다

헤이트스피치와 라이크스피치

바라만 봐도 상대를 위축시키는 사람은 본인이 정답이라고 생각하는 경우가 많다. 팀원들이 어떤 방식으로 일을 하든 자신의 방식에 맞춰야 직성이 풀리기 때문이다. 그러다 보니 다른 이들이 창의적인 방법으로 일을 해내면, 이렇게 하면 안 된다고 윽박지른다. 한마디로 일상이 헤이트스피치로 이뤄져 있다.

지속적으로 헤이트스피치를 들으며 일하는 사람들은 어떻게 될까? 우선 눈치를 보게 된다. 그리고 생각을 멈추고 욕먹지 않는 쪽으로 행동한다. 그렇게 본인과 맞지 않는 방식을 억지로 끼워 맞추려다 보니 성과도 안 나오고, 일할 의욕도 사라진다. 이런 팀은 대개 생기가 없고 쥐 죽은 듯이 조용하다.

한편 모두가 함께 일하고 싶어 하는 사람은 어떨까? 그들은 편안한 말투와 표정으로 팀원을 대한다. 자연스럽게 사람들은 마음을 열게 된다. 더군다나 칭찬할 것은 칭찬해 주고 실수한 것도 윽박지르지 않고 차분히 바로 잡아 준다.

여기서 핵심은 그들은 기본적으로 사람들과 대화를 하려고 노력한다는 것이다. 대화가 무엇인가? 서로의 생각을 주고받는 것이다. 일방적인 말하기는 그저 '말하는 것'일 뿐이다. 즉, 그들은 대화를 위해 다른 이들의 의견이나 고충을 '경청'할 줄 안다. 그들이 우리의 말을 경청해 줄 때, 우리는 또 한 번 마음을 연다.

리더들의 특별 조언:
목적과 비전을 공유하면 팀원들의 의욕을 충전시킬 수 있다

기업 리더들이 하나같이 내게 강조했던 것이 있다. 조직의 목적과 비전을 팀원들에게 공유해야 한다는 것이다.

캐나다의 맥길대학교에서 STARS(Science Talks About Research for Staff)라는 연구를 진행했다. 이 연구는 평소 직원들의 의욕이 떨어져 있고 불만이 쌓여 있는 것을 해소하기 위해 시작됐다. 방법은 간단했다. 과학학부 교수들과 일반 직원들이 함께 점심을 먹으며 진행 중인 연구에 대해 얘기하는 것이었다. 이는 놀랍게도 직원들의 의욕을 높이는 것으로 이어졌다.

어떻게 점심시간 동안의 대화가 직원의 의욕을 높였을까? 한 관리직 직원은 자신이 지원하는 연구실이 쓰나미를 예측해 많은 사람들의 목숨을 구하는 일을 한다는 걸 알게 됐다. 그는 이후에 연구 환경을 실질적으로 개선하기 위해 솔선수범하게 됐다고 한다. 다른 직원들도 마찬가지로, 자신과 연관된 연구실의 연구 목적을 알게 된 후로 업무의 질이 향상되었다고 한다. 이러한 사실들은 그들이 스스로 자부심을 느끼도록 만들기에 충분했던 것이다.

이처럼 조직의 목적을 공유하는 것만으로도 팀원들은 자신의 일에 상당한 의미를 가질 수 있다. 단, 너무 추상적인 비전만을 공유하면 불필요한 고민만 늘어나므로 주의해야 한다.

당신이라면 제 모든 것을 바쳐서라도 같이 일하겠어요

같이 일하고 싶은 사람이 되려면 업무적으로든 인간적으로든 끊임없이 스스로를 단련해야 한다. 단련 방법 자체는 크게 어렵지 않다. 상사나 팀원, 누구든 상관없이 그들의 입장에서 생각해 보면 된다. 역지사지(易地思之)라는 말을 잘 알 것이다. 앞으로는 말 한마디를 건넬 때도 상대방의 입장에서 한 번만 더 생각해 보고 말하자.

3

영상 콘텐츠로 인플루언서가 된 유튜브 셀럽들의 성공 공식

"창의력은 어떤 것을 발견하는 것이 아니라
이미 발견된 어떤 것으로부터 무언가를 만들어 내는 것이다."
- 제임스 러셀 로웰

유튜브 크리에이터의 길을 생각해 봐야 한다

최근 동영상 플랫폼인 유튜브의 활용도가 무궁무진하게 확대되고 있다. 통계에 따르면 한국인의 일 평균 유튜브 사용 시간은 약 1시간이다. 그만큼 유튜브 시청이 밥 먹는 것처럼 매일 하는 루틴한 일이 되었다는 말이다.

이는 유튜브에서 어느 정도 인지도를 쌓으면 하나의 퍼스널 브랜드 파워를 가질 수 있다는 의미가 된다. 유명 연예인들도 유튜브로 활동 영역을 넓히고 있다. 게다가 유튜브는 광고 수익이나 후원 등으로 수입을 얻을 수 있기 때문에 도전해 볼 만하다. 이번 장에서는 유튜브로 인플루언서가 된 유튜브 셀럽들의 성공 공식을 알아보자.

유튜버의 성공 공식 1: 꾸준함

57만 구독자의 '김메주와 고양이들', 171만 구독자에 공중파 방송까지 출연한 '대도서관' 등 인플루언서들이 똑같이 조언하는 것이 있다. 바로 '꾸준하라'는 것이다. 아무리 좋은 콘텐츠라도 꾸준히 업로드되지 않는다면 사람들이 찾지 않는다. 정말 재밌는 영상인데 한두 개밖에 올라와 있지 않다면 구독을 누르겠는가? 반면에 꾸준히 업로드한다면 쌓인 콘텐츠로 우연히 유입된 사람들의 흥미를 끌 수 있다. 적어도 10개 이상의 콘텐츠가 있어야 한다.

콘텐츠를 올리고 한두 달 만에 성공하는 유튜버는 극소수다. 대부분 최소한 반년 이상은 거의 구독자가 없다시피 한다. 따라서 자신이 '좋아하는 주제'를 찾아야 한다. 그렇지 않으면 꾸준히 하는 건 물론이고, 얼마 못 가 아무 반응 없는 유튜브에 지치고 말 것이다.

유튜버의 성공 공식 2: 콘텐츠

유튜브는 결국 콘텐츠 싸움이다. 콘텐츠를 기획하는 것부터 유튜브 활동이 시작되고, 사람들은 콘텐츠에 흥미를 느껴 구독을 누르기 때문이다. 인플루언서들은 사람들을 모으는 콘텐츠를 만들기 위해서 세 가지를 명심하라고 한다. 공감대를 쌓을 수 있는 소재를 활용할 것, 아이디어를 틈틈이 메모할 것, 매력적인 썸네일로 시선을 끌 것.

1. 공감대를 쌓을 수 있는 소재를 활용해야 한다

콘텐츠를 만들 때는 공감대를 형성할 수 있는 소재를 활용해야 한다. 아무래도 공감이 가야 흥미를 끌 수 있기 때문이다. 쉽게 말하면, 문과생이 '로켓의 포물선 궤적 공식'과 관련된 영상에 흥미를 잘 못 느낀다는 걸 생각하면 좋다. 반대로 이과생이라면 '헤르만 헤세의 《싯다르타》'에 관한 영상에 관심이 적을 것이다. 따라서 먼저 타깃으로 할 대상을 정하고, 그 분야에서 공감대를 얻을 만한 소재를 찾아야 한다.

2. 아이디어를 틈틈이 메모할 것

콘텐츠를 계속 만들다 보면 어느 순간 준비해 둔 아이디어가 바닥나기 마련이다. 그리고 대부분의 유튜버들이 다음에 어떤 영상을 만들어야 할지 몰라 포기한다.

이를 위해 성공한 유튜버들은 아이디어를 틈틈이 메모할 것을 권한다. 일상 자체를 유튜버 콘텐츠 소재로 여기고 떠오르는 생각들을 메모해 두면, 서로 조합도 하게 되고 아이디어가 끊이지 않기 때문이다.

3. 매력적인 썸네일과 태그로 관심을 끌 것

유튜버들은 콘텐츠, 아이디어뿐만 아니라 가장 먼저 보이는 '썸네일'과 '제목'에도 신경 쓴다. 썸네일은 쉽게 말해 첫인상과 같다. 소개팅 상대의 첫인상이 좋았을 때 없던 관심이 생기는 것처럼, 썸네일과 제목에 따라 관심의 정도가 달라진다. 57만 구독자를 보유한 김메주 씨는 《된다! 김메주의 유튜브 영상 만들기》에서 구독자의 눈길을 끌 수 있는 두 가지 노하우를 소개했다.

첫 번째는 대표 키워드만 강조하는 것이다. 이는 영상을 보는 사람들이 깊게 생각하지 않아도 무슨 내용인지 알 정도로 단순해야 함을 의미한다.

두 번째로는 호기심을 자극하는 제목이다. 구독자 45만 명을 보유한 유튜버 윤시원 채널에서 〈혼숨이 위험한 이유〉, 〈안동 오토바이 귀신, 드디어 파헤쳐 봤습니다〉 등의 콘텐츠는 제목만 봐도 흥미가 생긴다. odg 채널의 〈노래방 사장님의 노래실력(Feat. 임창정)〉과 같은 제목도 좋다. 이처럼 궁금증을 유발하는 문장을 쓰면 보는 사람들도 호기

심에 자연스레 눌러 보게 된다.

유튜버의 성공 공식 3: 분석과 소통

유튜버라면 본인의 콘텐츠를 분석할 줄 알아야 한다. 유튜브에는 계정 유입 정도나 구독 정보를 볼 수 있는 기능이 있다. 이를 활용하면 특정 기간별로, 어떤 콘텐츠로 많이 유입됐는지, 시청자는 어떤 콘텐츠를 좋아하는지 등을 볼 수 있다. 따라서 좀 더 인기 있는 콘텐츠는 어떤 차별점이 있었는지를 찾아보고, 다음 콘텐츠에도 하나씩 적용해 보는 것이 필요하다.

유튜브는 일방적인 정보전달 플랫폼이 아니라, 시청자들과 의견을 공유하고 실시간으로 소통할 수 있는 플랫폼이다. 따라서 구독자 이벤트를 통해 참여도를 높임으로써, 그들의 애정도를 높이는 것도 중요하다. 쉽게 말하면, 단골 고객들을 잃지 않기 위해 관심을 가지는 것이라고 생각하면 되겠다.

지금은 유튜브의 시대다

최근 조사에 따르면 전 세계 인터넷 이용자의 95%가 유튜브를 사용한다. 심지어 하루에 10억 시간 이상을 유튜브로 보낸다는 조사 결과도 있다. 한국직업능력개발원에서 2018년에 실시한 초등학생 장래 희망 조사에서는 탤런트나 가수 등 연예인이 8위인 데 반해, 유튜버가 5위를 차지했다. 이처럼 유튜브의 영향은 날이 갈수록 높아지고 있다.

유튜버는 검색 패러다임마저 변화시켰다. 구글이나 네이버 같은 포털 사이트보다 유튜브가 검색에 더 많이 활용되고 있는 것이다. 실제로 유튜브에 키워드를 입력하면 관련 콘텐츠들이 셀 수 없이 많이 검색된다.

지금까지 유튜브의 중요성과 유명 유튜버들의 성공 전략에 대해 알아봤다. 유튜버로서 성공하는 방법들은 꾸준히 업로드하는 것, 자신의 채널을 스스로 분석하고 시청자들과 소통하는 것에 있었다. 만약 나만의 콘텐츠가 있고, 퍼스널 브랜드를 갖추고자 한다면 유튜브에 도전해 보는 것을 추천한다.

4 이미지 콘텐츠로 인플루언서가 된 인스타그램 셀럽들의 성공 공식

"유능한 예술가는 모방하고,
위대한 예술가는 훔친다."
- 파블로 피카소

유튜브와 양대산맥을 이루는 플랫폼: 인스타그램

동영상 플랫폼계에 유튜브가 있다면 이미지 콘텐츠계엔 이것이 있다. 바로 인스타그램이다. 인스타그램은 2018년에 전 세계 사용자 수 10억 명을 돌파했다. 따라서 잘 활용하면 유튜브만큼 좋은 퍼스널 브랜드 수단이 된다.

인스타그램은 이미지 업로드에 특화되어 있다. 이미지 보정 어플로부터 시작된 SNS이기 때문이다. 따라서 다양한 사진 필터가 프로그램 자체에 포함되어 있어 감성적인 분위기를 만들어 내기 쉽다.

또한 인스타그램은 해시태그(#) 기능으로 키워드를 등록하고, 이를 통해 동일한 관심사를 가진 사람들과 게시글을 공유할 수 있다. 최근에는 맛집이나 여행 정보 등을 인스타그램에서 찾아보는 문화가 자리 잡았다. 게다가 소통을 바탕으로 하는 SNS답게 다른 사용자들과 공감대를 형성하기에도 용이하다. 실제로도 '#아무노래챌린지'와 같이 사용자가 직접 참여할 수 있는 이벤트가 이뤄지기도 한다.

인스타그램에도 유튜브처럼 수만 명의 팔로워를 보유한 인플루언서들이 있다. 그들은 감성 사진, 카드뉴스, 글귀 등을 활용해 팔로워들의 관심을 끈다.

인스타그램은 유튜브처럼 직접적인 수익 체계가 없지만, 제품 광고를 통해 간접적으로 수익을 낼 수 있다. 따라서 퍼스널 브랜딩을 원한다면 도전해 볼 만한 플랫폼이다. 그렇다면 인플루언서들은 어떤 방식으로 인스타그램을 운영하고 있을까.

인스타그램 셀럽들의 성공 공식 1: 꾸준함

인스타그램도 꾸준한 업로드가 필요하다. 게시글이 없다면 계정의 분위기가 살아나지 못하기 때문이다. 게시글이 두세 개씩만 올라가 있다면, 유입된 사용자들은 이 계정을 통해 얻을 수 있는 정보가 무엇인지 알 수 없다.

콘텐츠가 5개, 10개씩 쌓일수록 계정 피드의 분위기를 형성할 수 있다. 사진 필터를 한 가지로 통일한다거나 게시글의 디자인을 통일하거나 하는 식으로 말이다. 실제로 인스타그램 셀럽들의 계정을 들어가 보면 일관된 분위기가 연출되는 것을 느낄 수 있다.

꾸준함은 소통이라는 활동을 통해서 표현할 수도 있다. 해시태그를 통해 본인과 비슷한 흥미를 가진 인스타그래머의 피드에 찾아가 댓글을 달고 메시지를 보내는 것이다. 특히, 상대의 댓글에 답글을 달아주면 팔로우 유입을 더욱 효과적으로 늘릴 수 있다. 단순해 보이지만, 상대방에게 적잖은 노력을 기울여야 하기 때문이다. 그만큼 진심 어린 소통을 하고 싶다는 속내를 전달할 수 있기도 하다. 10명, 100명 단위로 팔로워를 달성했을 때 감사인사 혹은 간단한 팔로워 이벤트를 하는 것도 도움이 된다. 가장 중요한 것은 팔로우해 준 이들에게 진심으로 감사하는 마음을 지니는 것이다. 진심 어린 감사는 팔로워들의 마음을 움직인다.

인스타그램 셀럽들의 성공 공식 2: 콘텐츠

인스타그램도 유튜버와 같이 장기적으로 운영해 나가기 위해서는

'좋아하는 주제'를 찾아야 한다. 수개월 동안 팔로워 수에 변동이 없는 경우를 견뎌 내야 하기 때문이다. 좋아하는 주제를 찾는다면 콘텐츠를 만들고 업로드하는 것만으로도 재미와 만족을 느낄 수 있다.

이에 더해 기본적인 편집 기술도 필요하다. 인스타그램에 업로드할 카드뉴스를 만들겠다고 해 보자. 그런데 만약 일러스트나 포토샵 등의 프로그램을 사용할 줄 모른다면? 콘텐츠를 만들지도 못하고 포기할 수 있다. 사진 업로드도 마찬가지다. 사진 기술을 익히지 못하면, 보는 이에게 감동을 줄 수 없다.

꼭 지금 당장 잘하는 방식으로 콘텐츠를 정해야 하는 건 아니다. 일단 어떤 콘텐츠를 만들지 정하고, 뒤에 배워 가면 된다. 필자도 인스타그램에 카드뉴스를 업로드하고 있는데, 정말 기초적인 일러스트 기능을 배우고 활용해서 만들고 있다. 만들면서 재밌고, 스스로가 점점 발전해 간다는 사실이 좋다. 시작부터 질 높은 콘텐츠를 만들 필요는 없다. 조금이라도 할 수 있다면 도전해 보는 걸 권유한다.

인스타그램 셀럽들의 성공 공식 3: 프로필

인스타그램 계정에 들어가 보면 어떤 사람인지 소개하는 프로필이 가장 먼저 나온다. 인스타그램으로 이목을 끌기 위해선 이 프로필만 봐도 어떤 사람인지 알 수 있도록 해야 한다. 작가들의 인스타그램에 들어가 보면, 본인의 저서들을 소개하는 모습을 볼 수 있다. 가수들은 노래를, 예술가들은 작품이나 전시회 일정 등을 적기도 한다. 만약 상업 계정으로 사용한다면 어떤 제품을 취급하는지 적어 주면 된다.

이때 '필요성'을 어필하는 좋은 방법이 있다. 조연심 대표의 《퍼스널 브랜딩에도 공식이 있다》에서 소개된 '원샷 메시지'를 활용하는 방법이다. 원샷 메시지는 문장에 '특징(Feature)-강점(Advantage)-혜택(Benefit)'을 적는 것이다. 이를 FAB 문장이라고 하는데, 확실한 이점을 표현해 준다면 사람들의 마음을 끌어당길 수 있다고 한다.

인스타그램 프로필에는 구매 링크를 걸어 둘 수도 있다. 팔로워 수가 수만 명에 달하는 작가들의 인스타그램을 보면 프로필에 서적 구매링크가 소개되어 있다. 계정 방문자는 링크만 누르면 구매 페이지로 바로 들어가 볼 수 있다. 상업 계정도 마찬가지로 온라인 숍 링크를 걸어 두면 된다. 이처럼 원샷 메시지를 통해 유입된 이들에게 직접적인 구매를 유도할 수 있다.

'평생 직장'이 '평생 직업'이 되는 퍼스널 브랜드

전 세계가 연결되고, '언택트'가 강조되는 시대에 유튜브와 인스타그램은 우리의 가치를 높일 수 있는 좋은 수단이다. 실제로도 특출난 인플루언서들은 이미 우리가 그토록 바라는 생활을 하고 있다. 기존의 '평생 직장'에 묶여 있던 생활을 '평생 직업'으로 풀어내면서 새로운 일자리를 만든 것이다. 만약 직장에 묶인 생활에서 벗어나고 싶다면, 자유로우면서도 돈을 벌 수 있는 삶을 살고 싶다면, 시작하자. 늦었다고 생각하는 지금이 최적기다.

생각에도 숨 고르기가 필요하다

1 일기 쓰기, 독서, 운동으로 소박하지만 유익한 습관을 만들자

"성공한 사람은 실패한 사람이
좋아하지 않는 일을 하는 습관이 있다."
- 토머스 에디슨

성공한 사람들이 한결같이 하는 말: 좋은 습관을 만들어라!

성공한 사람들을 보면 좋은 습관을 하나씩 갖고 있다. 아침에 이불을 개는 것, 주기적으로 운동하는 것 등등. 근데 그들이 하는 말을 수백 번 듣고 다짐해도, 우리 몸뚱이는 움직일 생각을 안 한다. 왜 그럴까?

좋은 습관을 만들기 전에 먼저 잘못된 습관에서 벗어나야 한다

습관형성
프로세스 → 잘못된 습관 벗어나기 → 작은 결심 해내기 → 행동하기

좋은 습관을 만드는 것은 중요하다. 그러나 그전에 이미 우리가 갖고 있는 잘못된 습관을 버려야 한다. 예를 들어, 늦게 자고 늦게 일어나는 습관이 있다고 해 보자. 백날 천날 '아침 운동을 해야지!'라고 다짐해 봐도 아침에 일어나지 못하기 때문에 아무 소용이 없다. 따라서 늦게 자고 늦게 일어나는 습관을 먼저 버려야 한다. 이처럼 안 좋은 습관에서 먼저 벗어나야 뭐든 시작할 수 있다. 그중에서도 가장 먼저 버려야 할 습관은 '미루는 것'과 '안 된다고 생각하는 것'이다.

1. 미루는 습관

카이스트의 정재승 박사는 미루는 습관은 환경의 영향을 받는다고 했다. 정보의 홍수라고 불리는 오늘날엔 선택지가 너무 많아서 하나를 선택하면 나머지에 대한 아쉬움이 크다는 것이다. 따라서 아쉬움을 느끼기 싫은 마음에 결정을 미루게 된다고 한다. 점심 메뉴를 고를 때만 해도 그렇다. 어떤 식당에는 메뉴만 수십 개가 있다. 맛있는 돈가

스도 먹고 싶고, 시원한 냉면도 먹고 싶다. 여기서 어느 하나를 선택하는 순간 반대편 메뉴에 대한 아쉬움이 진하게 남는다. 그래서 결국 우리는 옆 사람에게 결정을 미룬다.

2. 안 된다고 생각하는 습관

'난 안 될 거야', '난 못 해'라는 생각들은 한번 들면 떨쳐 내기가 힘들다. 한순간에 습관으로 굳어지기 때문이다. 이를 심리학계에서는 '학습된 무기력'이라고 하는데, 한번 무기력이 학습되면 뭐든지 시도하지 않게 되는 부작용이 생긴다.

학습된 무기력의 한 예로, 태국의 '파잔'이라는 문화를 들 수 있다. 생후 4~5년밖에 안 된 새끼 코끼리를 우리에 집어넣고 말을 들을 때까지 송곳으로 찌르는 문화다. 이 행위가 3~4일만 지속돼도 코끼리는 무기력을 학습한다. 결국 우리 밖에 풀어놔도 도망가지 않고, 인간의 말을 고분고분 따르게 되는 것이다.

이는 사람에게도 적용될 수 있다. 어릴 적 무엇을 시도했다가 실수했을 때 혹은 일반적인 방법과 다르게 했을 때 격려보다는 꾸지람을 들었을 경우, '아, 하면 안 되는구나'라는 생각과 함께 무기력을 학습한다. 결국 시간이 지나면 '분명 난 안 될 거야'라고 생각하게 된다.

캘거리 대학의 조직심리학자인 피어스 스틸은 이렇게 말했다.

"우리는 어떤 활동을 시작할 때 실패를 상상하게 되어
불쾌하거나 어려운 일들을 미루게 된다."

미루는 습관과 안 된다고 생각하는 습관은 뭔가 하고자 하는 마음에 제동을 건다. 그러나 여기에서 벗어나지 못하면 우리는 한 걸음도 나아갈 수 없다. 따라서 우린 이 두 습관으로부터 최우선적으로 벗어나야 한다.

작은 결심부터 시작하자

잘못된 습관들로부터 벗어나기 위해선 이들을 '일단 시작해 보는 습관'과 '하면 된다고 생각하는 습관'으로 바꿔야 한다. '지금부터 해야지', '할 수 있을 거야'라는 생각만으로도 충분하다. 그리고 이들을 앞으로 소개할 작은 결심들과 연관시키면 된다.

1. 일기를 쓰면 시작 의욕을 높일 수 있다

첫 번째 작은 결심은 일기를 쓰는 것이다. 일기는 자신과의 대화와도 같아서 내 감정과 마주할 기회를 준다. 특히, 정말 힘들었던 날, 안 좋았던 일과 감정들을 적어 보자. 어느 정도 감정이 가라앉음을 느낄 것이다. 거기에 덧붙여 감사했던 일들도 적어 보자. 하루 동안 감사할 일들이 많았다는 것에 놀랄 수도 있다.

영화 〈수상한 고객들〉에 나오는 김영탁은 지하철에서 노숙을 하는 일용직 노동자이다. 놀라운 점은 그런 상황에서도 누이의 가정을 돌본다는 것이다. 대체 어떻게 해야 그처럼 행동할 수 있을까? 그 비결은 바로 '감사일기'다. 영화를 보다 보면 그가 자신의 보험담당자인 배병우에게 '하루에 감사했던 일을 세 개씩 써 보세요'라는 식의 권유를 하는데, 동시에 세상에는 감사할 일이 참 많다고 얘기하는 장면이 나온다. 이처럼 감사일기는 아무리 힘든 상황이라도 이겨 낼 수 있는 힘을 준다.

감사일기 말고도 추천해 줄 만한 일기 쓰기 방법이 있다. 내가 목표로 하는 것을 이뤘다고 가정하고 미래의 나에게 편지를 써 보는 것이다. 이미 이뤘다고 생각하는 것만으로도 우리 뇌는 성취감을 느끼면서 호르몬을 마구 뿜어 댄다. 그러면서 의욕이 솟아난다. 그렇게 하루하루 일기를 써 나간다면 저절로 긍정적으로 생각하는 습관이 생길 것이다.

"글이 씨가 된다."

2. 독서를 하면 자신감이 생긴다

책은 지식 전달뿐만 아니라 마음 치료도 해 준다. 고대 알렉산드리아 시대에는 '영혼을 치유하는 약'으로써 책을 귀중히 다뤘다고도 한다. 실제로 클레오파트라 때는 70만 권의 책을 보유했다고 하니 얼마나 소중히 여겼는지 알 만하다. 참고로 70만 권이면 타자기가 발명되기 직전, 유럽에서 보유한 전체 도서의 10배에 해당하는 양이다. 지금도 책을 읽으면 마음이 평온해지면서 영혼이 치유되는 것 같다는 사람들을 많이 볼 수 있다. 역사적으로나 현실적으로나 책이 지식을 채워 줄 뿐만 아니라 마음을 치료해 준다는 것에는 두말할 나위가 없다.

그러나 이렇게 좋은 책도 막상 읽으려고 하면 잘 안된다. 읽다 보면 끔뻑끔뻑 졸게 되는 것이 현실이다. 이럴 때 하루에 10페이지 이내로 읽는 것을 추천한다. 10페이지면 20분 내외로 읽는다. 짧은 시간이지만, 10일이 되고 100일이 된다면 어느새 1천 페이지를 읽게 된다. 무려 250페이지짜리 책 4권을 읽게 되는 것이다. 1년으로 환산해 보면 15권이다. 고작 20페이지씩 읽었을 뿐인데, 10분만 투자했을 뿐인데, 1년에 15권을 읽는 것이다. 이는 2020년 한국 성인 평균 독서량인 7.5권의 2배다. 그럼 '이게 진짜 되네?', '나도 할 수 있구나!'라는 자신감과 여유로운 마음을 얻을 것이다.

3. 가벼운 운동은 우리를 능동적인 사람으로 만든다

마지막으로 소개할 작은 결심은 가벼운 운동이다. 우리 몸에 운동이 미치는 영향은 엄청나다. 운동을 하면 스트레스 호르몬은 감소하고, 세로토닌과 같은 긍정 호르몬이 분비되기 때문이다. 세로토닌은 감정과 수면을 조절하고 우울증을 예방해 준다. 운동을 오랫동안 하지 않았을 때 축 처지거나, 우울해지는 것은 결코 우연이 아니다.

작은 결심인 만큼 운동도 어려운 것을 권유하지 않는다. 일주일에 3번, 10분씩만 뛰어 보자. 10분 동안 달리는 게 힘들다면 20분 걷기라도 해 보자. 바깥 공기를 마셔 주는 것만으로도 머릿속이 상쾌해지고 기분이 좋아질 것이다. 그리고 어느새 20분, 30분으로 운동시간을 늘려 가는 자신을 보게 될 것이다.

──
백견이 불여일동! 일단 시작하자

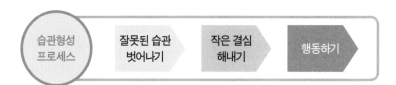

'할 수 있다!'라는 생각을 갖고 작은 결심을 정했다면, 이젠 행동해

보자. 직접 생각해 보고, 움직여 보는 것이다. '백견이 불여일동'이다. 백 번 보는 것보다 한 번 행동하는 것이 기억에 더 잘 남는다. 우리는 듣는 것의 30%, 보는 것의 50%, 생각을 정리하는 것의 70%를 기억한다. 그리고 실제로 행동한 것은 무려 90%를 기억할 수 있다고 한다.

일단 행동하게 되면 불확실한 걱정으로 생기는 두려움도 이겨 낼수 있다. 우리의 두려움은 잘 몰라서 발생하는 경우가 대부분인데, 하나하나 경험해 보면 자연스럽게 해결되기 때문이다. 일단 시작하자. 그리고 행동하자. 시작은 작을지 몰라도 작은 결과들이 점점 쌓일 것이다. 그리고 그 끝에서는 어느 누구보다도 커져 있는 우리를 볼 수 있을 것이다.

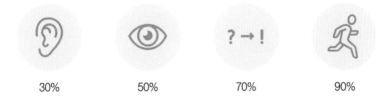

| 30% | 50% | 70% | 90% |

2

모임, 대화, 여행으로 감정노폐물을 해소하자

"바보들은 노력만 하지만
똑똑한 사람들은 환경을 바꾼다."
- 벤저민 하디

감정노동과 매너리즘

우리는 일주일 중 5일 이상을 직장에서 감정을 소모하며 보낸다. 복잡한 일을 보며 머리를 싸매고, 대하기 어려운 사람들에게 신경을 쏟아붓는다. 그렇게 감정노동을 하고 나서는 계속되는 일 생각에 제대로 된 휴식조차 누리지 못한다. 그뿐인가? 매일매일이 똑같고 지긋지긋한 이 상황, 인생이 쳇바퀴처럼 느껴진다. 점점 매너리즘에 빠져 가는 것이다.

사실 일의 늪인 직장에서 행복을 찾기란 쉽지 않다. 직장 상사들,

동료들은 본인 일 하나 신경 쓰기에도 벅차서 내 행복까지 신경 써 줄 수 없다. 우리는 직장이 아닌 다른 곳에서도 행복을 찾아야 한다. 해답은 바로 '새로운 사람들을 만나는 것'과 '새로운 것을 보고, 듣고, 느끼는 여행'에 있다.

감정노동과 매너리즘의 탈출구 1: 모임

행복을 찾는 첫 번째 방법은 모임에 있다. 새로운 사람들을 만나는 것이다. 최근에는 '소셜 살롱'이라는 모임들이 증가하고 있다. 안타깝게도 주변 사람들에게 "모임 한번 해 봐."라고 권하면, 친구와 노는 것과 뭐가 다르냐고 묻는다. 아직은 어색하고 두렵기 때문이다. 하지만 새로운 사람들과 갖는 모임은 친구와 노는 것과는 전혀 다르다.

대체 모임에 어떤 힘이 있기에 매너리즘에서 탈출할 수 있다는 걸까?

1. 나만의 생각을 자유롭게 표현함으로써 자존감이 향상된다

모임에서는 우리의 생각을 마음껏 표현할 수 있다. 각자의 생각을 틀린 것이 아니라, 다른 것으로 받아들이기로 약속하기 때문이다. 그곳에서는 사람마다 생각이 다르다는 것을 인정한다. 그렇게 서로 다른 생각들을 하나하나 공감하면서 자연스럽게 자존감이 향상된다.

또한 그들은 실수했을 때도 이를 지적하지 않는다. 오히려 실수했기 때문에 다 같이 웃고 넘긴다. 실수를 범죄처럼 여기고 나무라는 직장과는 다르다. 따라서 편안함을 느낄 수 있고 실수에 대한 두려움을 극복할 수 있다.

2. 다양한 생각과 경험을 들으면서 넓은 세상을 보고 열린 자세가 갖춰진다

모임에서는 일방적인 스피치가 아닌, 모든 사람들이 자신의 생각을 말하도록 정해져 있다. 그렇게 우린 그들의 생각과 경험들을 공유한다.

필자가 참여했던 팀의 한 멤버는 남다른 경험을 가졌다. 그녀는 대학 강의를 듣는 도중에 문득 든 생각 하나로 6개월간의 배낭여행을 떠나게 된 일화를 들려줬다. 여행 중 위기를 헤쳐나간 경험, 다녀왔더니 인도 카레 냄새가 몸에 배어 있던 상황 등 일반적으로 겪을 수 없는 일들을 생생하게 들을 수 있었다. 생각만 해도 즐겁지 않은가? 또 다른 멤버는 평소 필자가 가고 싶어 하던 '산티아고 순례길'에 다녀온 이야기를 들려줬다. 그를 통해 순례길에서 겪을 수 있는 일들과 필요한 물건들, 그리고 주의사항까지 들을 수 있었다.

이처럼 모임에서는 다양한 간접 경험을 할 수 있다. 그들의 경험을 듣고 있으면 '저런 사람도 있구나', '저렇게 생각할 수도 있구나'라는 생각이 들면서 자연스레 시야가 확장된다. 다른 생각을 받아들일 수 있는 열린 자세가 생기는 것이다.

3. 하루하루가 설레면서 자연스럽게 매너리즘에서 탈출할 수 있다

그토록 가고 싶던 대학교의 신입생 환영회를 하러 갈 때의 '떨림'을 기억하는가? 소개팅 첫날, 누가 나올까 하고 '걱정 반, 설렘 반' 하던 감정은 어떤가? 모임도 똑같다. 새로운 사람들을 만난다는 건, 소개팅 때의 '걱정 반, 설렘 반' 하던 감정을 되살려 준다.

필자가 참여했던 모임의 경우, 시작할 때 나이와 직업을 공개하지 않기로 정한다. 이는 해당 커뮤니티의 기본 규칙으로써 참여자 모두에게 적용된다. 3개월간 총 여섯 번의 만남이 이뤄지는데, 보통 네다섯 번째 모임에서 이를 공개한다. 그러다 보면 두 번째, 세 번째 만남이 이어지면서 그들에 대한 궁금증은 나날이 커진다. 이를 통해 지겹던 하루는 기다려지는 하루로 바뀌고, 매너리즘에서 탈출하게 된다.

'크리에이터 클럽', '트레바리', '문토' 등 서울만 해도 이런 모임을 갖는 사람들이 수천, 수만 명에 달한다. 일단 한번 참여해 보자. 지긋지긋한 쳇바퀴에서 나와 설레는 하루하루를 보낼 수 있을 것이다.

누군가는 모임이 언택트 시대에 어울리지 않는다고 생각할지도 모르겠다. 그러나 인간은 사회적인 동물이어서 사람들과 대화를 나누지 않으면 우울해지기 쉽다. 또한, 이런 부분을 고려해서 온라인 모임을 시행하는 모임도 있으니 부담 없이 참여해 볼 수 있다. 만약 이런 이유 때문에 망설이고 있다면 한 번쯤 시도해 보기를 추천한다.

감정노동과 매너리즘의 탈출구 2: 여행

우리나라 사람들은 '학생-취준생-직장인'이 어른이 되는 정석이라고 생각한다. 그러다 보니 실제 직장인들 중에는 해외는 물론 국내여행조차 가 보지 못한 사람들이 많다. 그저 돈을 위해, 직장을 위해 공부하고 또 공부해 온 것이다. 그러나 이는 쳇바퀴 같은 삶으로 들어가는 지름길이다.

유럽, 미국 등 세계 각지의 다른 나라에는 '갭이어' 혹은 '에프터스 콜레'라는 문화가 있다. 이는 학생들이 대학 가기 전이나 취업하기 전에 자신에 대해서 생각하는 시간을 갖는 것이다. 주로 여행을 하게 되는데, 그 시간 동안 전혀 다른 문화권의 사람들을 만날 수 있다. 그러면서 다양한 일들을 경험하고, 자신이 정말 뭘 좋아하는지를 찾는다. 학생들은 평균적으로 1년 정도를 이렇게 보낸다고 한다.

그렇게 갭이어를 가진 자와 아닌 자의 차이는 하늘과 땅 차이다. 그들은 정말 하고 싶은 일을 찾고, 직장을 가진 후에도 일을 통해 행복을 느낀다. 원하던 일을 하기 때문에 자존감 또한 높다.

새로운 경험으로 매너리즘에서 탈출할 수 있다

정리해 보자면, 우리는 항상 같은 장소에서 같은 일을 반복하다 보니 매너리즘에 빠진다. 매너리즘은 우리를 우울하게 만든다. 여기에서 탈출하려면 지금까지와는 다른 경험을 해야 한다. 심리학자 벤저민 하디는 인간은 환경에 의해 통제된다는 것을 증명했다. 따라서 매너리즘을 탈출하는 가장 좋은 방법은 새로운 장소에 가거나 새로운 사람을 만나는 것이다. 환경 자체를 새로움과 설렘의 향연으로 바꿔 버리는 것이다.

실제로 모임과 여행은 우리의 삶을 새로운 장소에서 바라보게 해 준다. 우리가 경험해 보지 못한 것들을 새로운 사람들을 통해 경험시켜 주기 때문이다. 그러면서 삶이 즐거워진다. 새로운 사람들을 만나고, 새로운 곳을 경험해 보는 것만으로 우리 삶을 바꿀 수 있다면, 한 번쯤 해 볼 만하지 않을까?

3

자아결핍 시대에
나만의 길을 찾는 방법

"성공으로 가는 길은 엄청나고,
단호한 행동을 취함으로써 열린다."
- 토니 로빈스

우울한 자아 속에서 빠져나와야 한다

"고맙습니다!" "잘했어요!"

"죄송합니다." "잘못했어요."

세상에는 긍정적인 말과 부정적인 말이 있다. 긍정적인 말을 하면
'자아'가 발달된다. 위의 문장 중에서 어떤 말을 더 자주 쓰는가? 혹시
후자는 아닌가? 현실에서 우리는 잘못하지 않은 것에도 죄송해야 하
고 잘못을 고백해야 한다. 세상의 문화가 그것이 마치 미덕인 것처럼

우리를 세뇌시키기 때문이다.

부정적인 말들을 반복하면 어떻게 될까? 실수를 자꾸만 생각하게 돼서 머릿속이 복잡해진다. 또한, 내가 정말 잘하는 것이 없다고 생각하게 된다. 그러면서 자존감이 떨어지고 우울해진다. 때문에 자아가 발달할 여유가 없다. 자아결핍의 시대는 우리도 모르게 이미 찾아왔다.

우리는 더 이상 자아를 잃은 상태로 살아갈 수 없다. 이는 행복하지 않은 삶을 살게 할 뿐이다. 행복해지려면 자아를 찾아야 한다. 자아를 찾기 위한 방법으로는 일단 해 보는 것, 멘토를 통해 배우는 것 그리고 내 인생의 주인이 되는 마음가짐이 있다.

───
하고 싶은 것을 해 보지 않는 것은 평생 동안 후회할 일을 만드는 것이다

필자가 속한 모임에서 있었던 일이다. 그때 당시 필자는 책 쓰는 것을 고민하고 있었다. 그러나 그러기 위해선 무리한 대출을 받아야 하는 상황이었다. 그때 한 팀원분이 이야기를 풀어냈다.

"제겐 두 명의 친구가 있었어요. 한 친구는 20대 초반에 갑자기 켜 보지도 않은 바이올린 연주자가 되겠다며, 유학을 가겠다고 했어요. 다른 친구는 직장이 있지만, 기존 전공과는 다른 전공을 공부해서 교수가 되고 싶다며 고민하던 상황이었고요.

바이올린 연주자가 꿈인 친구는 빚을 진 채 미국 유학길에 올랐습니다. 그 과정에서 엄청 힘들어했지만요. 반면, 교수가 되고 싶었던 친구는 '왜 좋은 직장 놔두고, 굳이 다른 공부를 시작하느냐'는 지인들의 조언에 꿈을 포기했어요.

10여 년이 지난 지금, 바이올린을 배우겠다며 유학길에 오른 친구는 브로드웨이에서 바이올린을 켜고 있습니다. 결국, 하고 싶었던 일을 하면서 행복해하더라고요. 교수가 되는 길을 포기했던 친구는 그 직장 그대로 가정을 꾸리며 지냅니다. 그리고 이런 말을 남기며 후회했어요."

"나 그때 공부 시작했으면 지금쯤 박사학위 받았을 거야."

이 이야기를 듣고 무슨 생각이 드는가? 하고 싶은 것을 해야겠다는 생각이 들지 않는가? 만약 지금 하고 싶은 것이 있다면 10년 후에 그 일을 하고 있을 자신을 생각해 보자. 그 일을 이뤘을 때와 지금 이대로 살아갔을 때를 생각해 보며 무엇이 더 행복할지를 상상해 보는 것이다. 적어도 앞의 이야기로 알 수 있는 건, 하고 싶은 것을 해 보지 않으면 평생 동안 후회할 일만 생긴다는 사실이다. 이제 그만 1년의 시간은 과대평가하면서 5년, 10년의 시간은 과소평가하는 모순을 떨쳐내자.

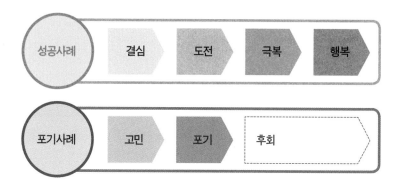

멘토는 기꺼이 스승이 되어 주고 우릴 일으켜 주는 사람이다

영화 〈쥬라기 공원〉의 배경이 된 카우아이라는 섬에서 한 심리학 연구가 이뤄졌다. 열악한 환경에 처해 있는 201명의 아이를 대상으로 진행되었는데, 그중 72명의 아이들은 환경을 극복하고 유능하게 자라났다. 다른 아이들에겐 없고, 이 아이들에게만 있었던 힘은 대체 무엇이었을까?

그들에게는 믿고 따르는 '멘토'가 한 사람씩 있었다. 아이들은 힘든 일이 있을 때마다 멘토에게 고민을 얘기하고, 감정을 회복했다고 한다.

이처럼 멘토를 만나는 건 여러모로 좋은 점을 가져다준다. 우리에게 현명한 길을 알려 주기도 하고, 우리가 힘들어할 때 다시 일으켜 세워 줄 수 있다. 멘토는 어디 멀리 있지 않다. 부모님이 될 수도 있고, 선배나 친구가 될 수도 있다. 그저 우리를 믿고 지지해 주는 사람이면 된다.

정말 우리가 본받고 싶은 한 사람을 찾자. 그리고 그 사람에게 멘토가 되어 달라고 부탁해 보자. 멘토가 부담스럽다고 하면 같이 성장해 나가자고 제안해 보자. 그렇게라도 우리만의 멘토를 만든다면 쓰러진 자아를 다시금 일으켜 세울 수 있을 것이다.

휘둘리는 '자아' 말고 행복한 '주인'이 되자

우리는 '남'이 평가하는 대로 살지 말고 '나'의 길을 걷는 삶을 살아야 한다. 남이 보는 대로 생각하지 않고, '나의 만족'을 우선으로 생각하려고 노력하다 보면 자연스럽게 바뀔 수 있다.

삶의 방식에 대한 생각
- 대학내일 20대연구소 발행 [밀레니얼-Z세대 트렌드 2020] 中

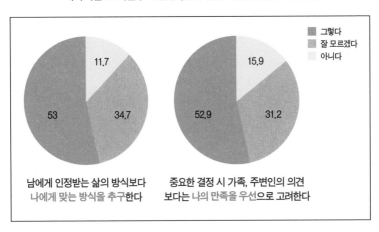

특히 최근에는 '자아'를 찾으려는 사람들이 늘어나고 있다. 대학 내일20대연구소가 전국 만 15~34세 남녀 1,000명을 대상으로 조사한 결과, 53% 이상이 자신만의 삶의 방식을 추구한다고 답했다. 또한, 52.9%가 주변의 의견보다는 자신의 만족을 우선시하는 경향을 보였다. 이들은 내 안의 기준을 세우고 따르는 '마이사이더'라고도 불리는데, 직업에 우열을 두지 않으며, n잡, 갭이어를 갖는 것을 공감하고 지지한다. 행복을 찾아다니는 '자신의 주인'인 셈이다.

이기적으로 나만 생각하라는 것이 아니다. 확실한 자기만의 기준을 세워 두라는 것이다. 예를 들어, 직업을 선택할 때 주변에서 하라는 것이 있고 내가 하고 싶은 직업이 있다고 하자. 그럴 때 10년 후에도 내가 그 일을 하면서 즐거움을 느낄 수 있는지를 생각해 보는 것이다. 이처럼 나를 중심으로 하나의 기준을 세워 보자. 남이 아닌 나를 먼저 생각한다면 숨어 있던 자아를 찾을 수 있을 것이다.

지금이라도 늦지 않았다, 일단 시작하자

"지금 당장 시작하라. 그리고 경험하라."

우리도 바이올린을 배우겠다며 늦은 유학길을 떠났던 바이올린 연주자처럼 꿈을 이룰 수 있다. 우리도 열악한 환경을 딛고 일어난 카우아이섬의 72명의 아이들처럼 고민과 역경들을 거뜬히 이겨 낼 수 있다. 그리고 주변 시선을 두려워하지 않고, 하고 싶은 것을 하며 살 수 있다. 이 모든 것의 첫 단계는 일단 시작하는 것이다. 덧붙이자면, 직접 경험해 보고 만든 목표만큼 단단한 목표는 없다.

지금까지 우린 생각정리 도구로 인생을 효율적이고 행복하게 살아가는 방법을 설계했다. 만약 중간에 넘어진다면, 우리만의 멘토에게 달려가 우리를 회복시키자. 그리고 일어나 다시 도전하자. 당신이 꿈꾸고 있는 모습은 정말 당신의 모습이 될 것이다.

4 상상 속 성공을 현실로 만드는 세 가지 방법

> "언제나 자신에 대해 좋게 말하고, 자신이 원하는 삶을 상상하라.
> 당신을 성공으로 이끄는 새로운 패턴이 만들어질 것이다."
> - 앤드류 매튜스(세계적인 동기부여 전문가)

우리의 뇌는 상상과 현실을 구분하지 못한다

우리는 상상하는 것만으로도 실제로 행동하는 것처럼 인지한다. 인간의 뇌가 생각보다 단순해서 상상과 현실을 구별하지 못하기 때문이다. 《인간 본성의 법칙》의 저자 로버트 그린은 MRI를 활용한 연구로 상상만으로도 실제의 느낌을 체험하게 된다는 것이 밝혀졌다고 말한다.

2002년 붉은 악마의 '꿈은 이루어진다'라는 말이 나온 건 다 이유가 있었다. 이번 장에서는 상상을 통해서 목표를 이뤄 내는 세 가지 방법을 소개하겠다.

상상의 힘 1: 이미지 트레이닝은 진짜 훈련과 같다

이미지 트레이닝이라고 많이 들어 봤을 것이다. 말 그대로 상상을 통해 연습하는 것이다. 미국의 한 고등학교에서 일반 학생들을 세 그룹으로 나눠 농구실력과 상상력에 관한 연구를 진행했다. 첫 번째 그룹은 자유투를 하루에 1시간씩 직접 연습하도록 했다. 두 번째 그룹은 연습을 안 하도록 했고, 세 번째 그룹은 상상으로만 연습하게 했다. 한 달 뒤, 세 그룹의 학생들이 모여 자유투를 던졌을 때 어떤 결과가 나왔을까? 첫 번째 그룹 학생들은 실력이 2% 향상했고, 두 번째 그룹은 2% 감소했다. 그리고 놀랍게도 세 번째 그룹 학생들의 농구 실력이 3.5%나 향상됐다! 직접 연습한 첫 번째 그룹보다 1.5%나 더 향상된 것이다.

물론 모든 활동이 상상만으로 향상될 것이라고는 장담할 수 없지만, 상상이 현실 능력에도 영향을 미친다는 건 알 수 있다. 《비뢰도》나 《용비불패》 같은 무협지를 본 적 있는가? 이러한 무협지를 보면 무공 고수의 반열에 오르는 순간부터 실제 훈련보다는 이미지 트레이닝이 더 중요시되기 시작한다. 전에는 그냥 재미를 위한 요소라고 생각했는데 이 부분을 염두에 두고 쓰인 게 아닌가 싶다.

상상의 힘 2: 기억하고 싶으면 생각하면 된다!

중고등학교 때 시험을 잘 보려면 암기를 잘해야 했다. 암기라는 건 쉽게 말해서 단순히 외우는 것이다. 중요한 건 기억하는 게 참 쉽지 않다는 점이다. 전날 영어단어를 외웠다가도 다음 날 시험지를 받아 보면 무슨 단어가 있었는지 떠오르지 않는 것처럼 말이다.

그러나 사실 우리 뇌는 기억을 잘하도록 설계되어 있다. 의식적으로 '기억하자!'라고 상기시켜야 한다는 조건하에서 말이다. 스웨덴의 정신과 전문의인 안데르스 한센은 기억에 관한 연구사례를 설명하며 기억을 잘할 수 있는 방법을 소개한다.

연구는 두 그룹으로 나뉘어 진행됐다. 첫 번째 그룹은 컴퓨터를 통해 특정 문장을 보고 나면 파일이 삭제되는 환경이었다. 반면에 다른 그룹은 보고 나서도 그 파일이 저장되도록 했다. 후에 두 그룹 모두에게 기억나는 문장들을 말하도록 했다.

두 그룹 중 어느 그룹이 더 많이 기억해 냈을까? 파일이 삭제된 그룹이 더 많은 내용을 기억했다. 이는 정보가 저장될 거라고 믿으면 뇌는 더 이상 그 정보에 신경 쓰지 않게 된다는 것을 의미한다. 보고 있는 정보가 어딘가에 저장되는 걸 알게 되면, 뇌는 정보가 저장되는 위치를 기억하기 때문이다. 이 현상은 '디지털 기억상실증'이라고 불린다. 반면 정보가 삭제될 거라고 생각한 그룹은 '이 정보는 기억해야 해!'라고 생각하며 더 집중하게 된다.

이를 반대로 풀어서 생각해 보면, 어떻게 하면 기억을 더 잘할 수 있을지 알 수 있다. 무언가를 기억할 때 '이건 기억해야 해!'라고 의식적으로 외치는 것이다. 그럼 그 정보가 다른 곳에 저장될지라도 우리의 뇌는 기억해야 한다는 생각에 그 정보를 명확하게 저장할 것이다.

상상의 힘 3: 된다, 변한다, 할 수 있다

마지막으로 소개할 상상의 힘은 성장형 마인드셋을 떠올리는 것이다. 쉽게 풀어 말하면 '된다'고 생각하면 '변화'하고, '변화'하면 뭐든지 '할 수 있다'고 생각하는 것이다. 《GRIT》의 저자 앤절라 더크워스도 할 수 있다고 생각하다 보면 정말 변할 수 있다고 말한다. 하버드대학교의 입학처에서 근무한 피츠시먼스도 "사람은 후천적으로 경험하면서 교훈을 얻고, 바뀔 수 있다."라고 말했다.

필자도 비슷한 경험을 했었다. 중학교 때까지만 해도 무척 소심하고 내성적인 아이였다. 할 줄 아는 건 공부와 친구들의 부탁 들어주기였다. 그런데 고등학교에 입학하면서 생각이 바뀌었다. '이렇게 살다 간 남을 위해서만 살게 되지 않을까? 나를 위해 살려면 어떻게 해야 하지? 능동적인 사람이 돼야겠다!'

처음 시작한 건 운동이었다. 또래 친구들에 비해 살집이 많았기에 2개월의 방학 동안 지독하게 운동해서 10kg 감량에 성공했다. 살이 빠지니 자신감도 생기고 외모도 많이 달라졌다. 또한 친근감을 주기 위해 계속해서 먼저 말 걸고, 장난치는 상상을 했다. 결과적으로 십수 년이 지난 지금은 어디 가서도 감초 역할을 도맡는 밝은 캐릭터가 됐다. 생각의 변화는 나라는 사람을 긍정적으로 바꿀 수 있는 기회가 된 셈이다.

성장형 생각은 정말 우리를 성장시킨다

혹시 동료나 상사에게 괴롭힘을 당하고 있진 않은가? 일이든 공부든 갖은 절망들을 겪고 있진 않은가? 만약 그렇다면 긍정적인 상상을 해 보는 걸 추천한다. 누구보다 당당해져서 그들에게 변화된 모습을 보여 주는 상상도 좋다. 일이 정말 어렵다면 잘하는 선배에게 가서 질문해 보는 상상도 좋다. 상상하는 것만으로 우리의 성장을 체험하고 스트레스가 풀릴 수 있기 때문이다.

이 책을 여기까지 읽은 당신은 성공한 사람들처럼 성장 욕구가 있고, 배우고자 하는 자세가 갖춰진 사람일 것이다. 그만큼 앞으로도 성공할 가능성이 풍부하다. 이 책에 있는 생각설계 방법들을 익히고 당신의 삶을 그려 간다면, 당신의 인생은 긍정적으로 변화할 것이다. 당신의 삶을 응원한다.

에필로그

이번 책은 인생에 있어서 큰 도전이다. 지극히 평범한 내가 다른 사람들에게 도움을 줄 수 있을까 걱정이 많았기 때문이다. 그러나 고통받는 직장인들에게 하루빨리 직장생활이 즐거워지는 방법을 알려 주고 싶었다.

직접 부딪치며 시련을 견뎌 내야 비로소 답을 얻어 낼 수 있는 곳이 사회다. 각박한 직장생활. 누군가 했던 "직장은 학교가 아니다."라는 말은 지금까지도 가슴속에 남아 있다.

생각설계를 하다 보면 각박한 직장생활이 즐거워질 수 있다. '프로세스맵'을 그리며 일의 순서를 생각해 보고, '브레인스토밍'으로 행사를 기획해서 '이렇게 재밌는 행사는 처음이었어요!'라는 인정도 받을 수 있다. 이를 계기로 직장 내 전문 MC로 발탁되어 행사 진행을 도맡을 수도 있다.

이 책을 쓰기 위해 현업에 있는 직장인들을 대상으로 인터뷰를 실시하기도 했다. '사회초년생'부터 20년 이상의 경력을 가진 대기업 대표님까지 다양하게 구성되었으니 충분히 믿을 만하다. 그들의 협조가 아니었다면, 이렇게까지 공감되고 몰입되는 책은 나오지 못했을 것이다.

갑작스러운 부탁임에도 인터뷰에 응해 주신 김성미 대표님, 이○○ 소장님, 김영호 대표님, 김재일 대표님, 김봉균 부장님, 이호덕 부장님, 정유인 팀장님, 신은상 팀장님, 현인승 총괄님, 배찬규 사무관님, 정지나님, 이미희님, 한규모 선배님, 양대범 선배님, 윤영호 선배님, 김성수 선배님, 서혜연 선배님, 한진교님, 양현수 선배님, 안지환 선배님, 강○○ 선배님, 이정아 선배님, 한상원 선배님 모두에게 감사드린다. 한 분 한 분 이야기 나눌 때마다 '삶은 어떻게 살아야 하는가'에 대해 많은 통찰을 얻었다.

무엇보다 필자의 원고가 책이라는 매체로 세상에 소개될 수 있었던 건 좋은땅 출판사의 노시영 매니저님, 오지은 편집자님, 장민영 편집자님 덕분이다. 특히 본인의 원고처럼 애정을 지니고 꼼꼼히 검토해 준 편집자님께 고마움을 전한다. 마지막으로, 평범한 사람도 작가가 될 수 있다는 용기와 가르침을 주신 이상민 작가님께 감사를 드리고 싶다. 작가님이 아니었다면 도전은 이뤄지지 못했다.

　　세상에 공식화된 자료들을 사용하여 오류가 없도록 최선을 다했지만, 엉뚱한 내용이 있다면 그 책임은 내게 있다. 그럼에도 불구하고 소중한 시선으로 이 책을 읽어 주신 독자 분들께 정말 감사드린다. 생각설계는 분명 인생의 변화구를 주는 시작점이 될 것이다. 이를 통해 하고 싶은 일과 행복을 둘 다 거머쥐시길 응원한다.

금교준

참고문헌

1. 복주환, 《생각정리스킬》, 천그루숲, 2017.

2. 복주환, 《생각정리스피치》, 천그루숲, 2018.

3. 복주환, 《생각정리기획력》, 천그루숲, 2019.

4. 드니르보, 《생각정리의 기술》, 지형, 2007

5. 나가타 도요시, 《그림으로 그리는 생각정리의 기술 1》, 생각정리연구소, 2017.

6. 나가타 도요시, 《그림으로 그리는 생각정리의 기술 2》, 생각정리연구소, 2017.

7. 온은주, 《비주얼 씽킹으로 하는 생각정리기술》, 영진닷컴, 2014.

8. 나가타 도요시, 《생각정리를 위한 프레젠테이션의 기술》, 생각정리연구소, 2017.

9. 요시자와 준토쿠, 《생각정리를 위한 프로세스의 기술》, 생각정리연구소, 2017.

10. 아카바 유지, 《생각정리법》, MBC씨앤아이, 2016.

11. 사쿠라다 준, 《그림으로 생각하면 심플해진다》, M31, 2018.

12. 제시카 해기, 《생각정리를 위한 손자병법》, 생각정리연구소, 2018.

13. 니시무라 가쓰미, 《생각정리를 위한 업무의 기술》, 생각정리연구소, 2017.

14. 로저 마틴, 《디자인 씽킹 바이블》, 유엑스 리뷰, 2018.

15. 요시자와 준토쿠, 《생각정리를 위한 프레임워크의 기술》, 생각정리연구소, 2017.

16. 오쿠무라 류이치, 《5만가지 생각 5가지 정리법》, 한언, 2011.

17. 크리스텔 프티콜랭, 《나는 생각이 너무 많아》, 부키, 2016.

18. 이윤석, 《머릿속이 뻥 뚫리는 생각디자인》, 아틀라스북스, 2019.

19. HR 인스티튜트, 《로지컬씽킹의 기술》, 비즈니스북스, 2014.

20. 호리 기미토시, 《핵심정리 비즈니스 프레임워크 69》, 위키미디어, 2015.

21. 김경록, 《내 머릿속 청소법》, 책들의 정원, 2019.

22. 엄유나, 《엄마의 생각정리스킬》, 천그루숲, 2019.

23. 리처드 코치, 그레그 록우드, 《무조건 심플》, 부키, 2018.

24. 이케가야 유지, 《단순한 뇌 복잡한 나》, 은행나무, 2012.

25. 대니얼 J. 레비틴, 《정리하는 뇌》, 와이즈베리, 2015.

26. 이상민, 《유대인의 생각하는 힘》, 라의눈, 2016.

27. 강재상, 이복연, 《일 잘하는 사람이 지키는 99가지》, 매거진 B, 2019.

28. 박소연, 《일 잘하는 사람은 단순하게 합니다》, 더퀘스트, 2019.

29. 강금만, 《보고서, 논리적 사고와 비주얼로 승부하라》, 새로운 제안, 2010.

30. 로버트 그린, 《인간 본성의 법칙》, 위즈덤하우스, 2019.

31. 토니 로빈스, 《MONEY》, 알에이치코리아, 2015.

32. 이시형, 《세로토닌하라》, 중앙북스, 2010.

33. 유영택, 《정리의 스킬》, 가나북스, 2020.

34. 제임스 클리어, 《아주 작은 습관의 힘》, 비즈니스북스, 2019.

35. 이상민, 《보통 사람을 위한 책쓰기》, Denstory, 2020.

36. 앤드류 매튜스, 《즐겨야 이긴다》, 북라인, 2007.

37. 벤저민 하디, 《최고의 변화는 어디서 시작되는가》, 비즈니스북스, 2018.

38. 신시아 샤피로, 《회사가 당신에게 알려주지 않는 50가지 비밀》, 서돌, 2007.

39. 클리프 러너, 《EXPLOSIVE GROWTH》, 턴어라운, 2019.

40. 레일 라운즈, 《사람을 얻는 기술》, 토네이도미디어그룹㈜, 2007.

41. 최규호, 《퍼스널 브랜드의 완성, 연출의 힘》, 모바일북, 2017.

42. 최규호, 《심리학이 이렇게 쓸모 있을 줄이야》, 다연, 2018.

43. 안데르스 한센, 《인스타그램 브레인》, 동양북스, 2020.

44. 박창선, 《팔리는 나를 만들어 팝니다》, 알에이치코리아, 2020.

45. 송승룡, 《1인기업과 퍼스널 브랜딩》, ㈜비티타임즈, 2018.

46. 노가영, 조형석, 김정현, 《콘텐츠가 전부다》, 미래의 창, 2020.

47. 김보겸, 《유튜브 구독자 100만 만들기》, 지식너머, 2019.

48. 대도서관, 《유튜브의 신》, 비즈니스북스, 2018.

49. 임헌수, 최규문, 《페이스북 인스타그램 통합 마케팅》, 이코노믹북스, 2018.

50. 조연심, 《퍼스널 브랜딩에도 공식이 있다》, HCbooks, 2020.

51. 이혜강, 국동원, 《유튜브로 돈 벌기》, 길벗, 2016.

52. 정진수, 《인스타그램마케팅 잘하는 사람은 이렇게 합니다》, 나비의 활주로, 2020.

53. 조원선, 임희영, 《소셜 커리어, 몸값을 바꾸다》, ㈜황금부엉이, 2013.

54. 앤절라 더크워스, 《GRIT》, 비즈니스북스, 2016.

55. 남시언, 《인스타그램으로 SNS 크리에이터 되기》, 아티오(ArtStudio), 2020.

56. 김혜주, 《된다! 김메주의 유튜브 영상 만들기》, 이지스 퍼블리싱, 2019.

57. 대학내일20대연구소, 《2019년 1534세대의 라이프스타일 및 가치관 조사》, 2019.

생각설계의 기술

© 금교준, 2021

초판 1쇄 발행 2021년 3월 23일

지은이   금교준
펴낸이   이기봉
편집   좋은땅 편집팀
펴낸곳   도서출판 좋은땅
주소   서울 마포구 성지길 25 보광빌딩 2층
전화   02)374-8616~7
팩스   02)374-8614
이메일   gworldbook@naver.com
홈페이지 www.g-world.co.kr

ISBN   979-11-6649-454-3 (03190)

- 가격은 뒤표지에 있습니다.
- 이 책은 저작권법에 의하여 보호를 받는 저작물이므로 무단 전재와 복제를 금합니다.
- 파본은 구입하신 서점에서 교환해 드립니다.